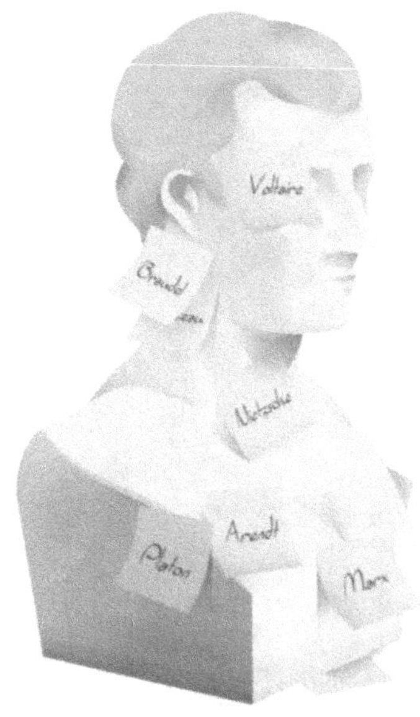

La culture générale
sans prise de tête

Des fiches
ultra-synthétiques

Philosophie,
histoire, économie,
littérature, etc.

1000 idées
de culture générale

Le blog du manuel

1000-idees-de-culture-generale.fr

Parus récemment aux éditions Sonorilon :

1000 idées de culture générale

1000 idées économiques

L'essentiel de l'histoire économique

Je donne des cours depuis mon canapé

La philosophie au Bac en moins d'une minute

PAR L'ÉQUIPE DU BLOG
1000 IDÉES DE CULTURE GENERALE

Voltaire en 10 phrases ?

Une synthèse hallucinante

Un format ultra-accessible

Un manuel révolutionnaire

Disponible notamment sur **amazon**.fr

Découvrez la page « La Parole Prépa HEC » du blog *1000 idées de culture générale* et la page Facebook affiliée, toutes deux consacrées au thème de culture générale des concours des écoles de commerce de 2017.

"Likez" la page Facebook pour recevoir dans votre fil d'actualité du contenu gratuit et exclusif :
- des éléments de cours très synthétiques ;
- des paragraphes prêts à l'emploi ;
- des dissertations exclusives gratuites entièrement rédigées et commentées.

N'hésitez pas à "liker" et à partager autour de vous !

SOMMAIRE

SUR LA MÉTHODE
« DES PARAGRAPHES »

Ce manuel destiné aux prépas HEC se fonde sur la méthode dite « des paragraphes ». Dans sa version initiale, elle consiste, comme son nom le suggère, à connaître par cœur des paragraphes rédigés à l'avance, prêts à l'emploi pour la dissertation. Ne restent donc plus, dans l'épreuve de culture générale, que l'élaboration d'un plan et la rédaction de l'introduction, des transitions, et de la conclusion. La vie facile, n'est-ce pas ?

Cette méthode est en effet éminemment avantageuse. Elle est tout d'abord le fruit d'un grand pragmatisme : la majeure partie de la dissertation (idéale) de culture générale, le « développement », peut être déconstruite comme l'addition de neuf paragraphes relativement indépendants, traitant chacun d'une référence. En second lieu, la méthode a déjà fait ses preuves. Pratiquée depuis plus d'une dizaine d'années dans de grands lycées parisiens (dont nous tairons le nom) et déjà présentée dans des manuels, elle a permis à beaucoup de candidats d'obtenir de bonnes, voire très bonnes notes aux concours. En plus d'être un gage de réussite, elle est aussi pour l'élève qui la choisit d'une grande simplicité : préparer les paragraphes, les apprendre, les placer dans ses dissertations (qui dit mieux ?). Enfin, *last but not least*, elle se traduit par une économie de temps substantielle. Avec elle, il devient inutile de réviser sans les comprendre les interminables pages de notes décousues nées dans la douleur lors de vos cours de prépa, malheureusement trop souvent digressifs, obscurs et incohérents. Tout ce temps épargné, vous pouvez le consacrer aux autres matières, au premier rang desquelles les mathématiques, si valorisées aux concours.

Alors bien sûr, la méthode n'est pas parfaite, mais les limites soulevées par ses contempteurs peuvent aisément être contournées. Jetons-y un œil.

Nous avons recensé et analysé cinq types d'objections à la méthode.

« Les correcteurs vont la repérer ! », disent les uns. En faisant du copier-coller, c'est tout à fait possible. Si, en revanche, vous vous appropriez les paragraphes en amont et que vous les adaptez soigneusement au sujet dans votre dissertation, alors le risque est nul.

« Le reste de la copie sera beaucoup moins bien rédigé ! », craignent les autres. Si vos SMS sont la seule littérature à laquelle vous ne vous êtes jamais confrontés, alors le danger est réel. Sinon, vous êtes couverts, car le style adopté par les rédacteurs du manuel a été calibré pour correspondre à celui d'un bon élève, plutôt littéraire, de prépa HEC. Ainsi, avec un peu d'entraînement et un peu d'effort, rien ne transparaîtra.

« Les profs de prépa repéreront la récurrence des paragraphes au cours de l'année ! », s'énervent les moins courageux. Cela aussi dépend de vous : à vous d'avoir l'intelligence (politique) de passer entre les mailles du filet, ou de l'indifférence (philosophique) à l'égard d'un jugement qui, quoique peut-être utile, ne présage pas de votre note au concours. Les plus courageux peuvent, en toute franchise, prévenir leur prof qu'ils misent sur la méthode des paragraphes et lui demander de jouer le jeu quand ils les corrigent.

« Nous aurons les mêmes paragraphes ! », se récrient les plus chiants. Non, tous les candidats n'achèteront pas le livre (si seulement…) ; non, ils n'apprendront pas bêtement par cœur tous les paragraphes ; non, leurs cerveaux ne sont pas connectés au point qu'ils choisissent de placer les mêmes paragraphes – neuf, dans l'idéal, sur plus d'une centaine en comptant ceux à venir sur le blog[1] – aux mêmes endroits, avec la même problématique et le même plan. Tout cela n'arrivera pas dans le monde réel. Soyez sérieux : appropriez-vous les paragraphes, sélectionnez-les par rapport à votre plan, adaptez-les au sujet, et votre copie sera unique (en plus d'être excellente).

« Ça n'est pas l'esprit de la culture générale ! », protestent enfin les donneurs de leçon. Effectivement, mais c'est l'esprit du concours. La finalité de la méthode des paragraphes n'est pas de devenir plus cultivé, mais de maximiser le résultat en minimisant l'investissement.

---

[1] http://1000-idees-de-culture-generale.fr/

Indignez-vous, dénoncez ce livre à la police de la prépa, mais réfléchissez-y à deux fois avant de rejeter cette méthode sous un prétexte moral (de la moraline, comme dirait Nietzsche).

En conclusion, vous l'aurez compris, la méthode des paragraphes n'est pas différente des autres sur un point : il est nécessaire de l'appliquer avec intelligence pour qu'elle porte ses fruits. « Très bien, rétorqueront les plus pragmatiques, mais qu'est-ce que l'appliquer avec intelligence ? ». Nous allons vous en toucher un mot.

Sachez tout d'abord que, chacun étant différent, il vous faut adapter la méthode à votre façon de travailler, à votre « niveau » en culture générale, à vos objectifs, à votre temps de travail disponible, etc. ; de même, il vous faudra l'adapter au cours de l'année en fonction de vos sensations et de votre aisance. Si, par exemple, vous ressentez de l'insécurité, alors il semble préférable de connaître vos paragraphes sur le bout des doigts et de ne les modifier qu'à la marge. En revanche, si vous êtes confiants en votre qualité de rédaction, vous pouvez simplement considérer les paragraphes comme une base de travail extrêmement modelable. Enfin, ceux qui se sentent capables de produire en *live* des paragraphes de la qualité de ceux du manuel peuvent tout à fait combiner, dans leur copie, le frais et le réchauffé. Le maître mot est l'adaptation : testez la méthode pendant toute l'année pour vous rapprocher, par essai et erreur, de l'utilisation qui vous conviendra le mieux.

Cette philosophie en tête, nous vous recommandons maintenant plus précisément de suivre 7 étapes :

1/ Lisez les paragraphes pour bien les comprendre.

2/ Retravaillez-les en fonction de votre compréhension, de votre vocabulaire, et de vos sensations.

3/ Apprenez-les pour les connaître par cœur (ce qui ne veut pas forcément dire les apprendre par cœur).

4/ Apprenez la liste de vos paragraphes pour pouvoir piocher aisément, sans effort de mémoire, dans votre stock au cours d'une dissertation.

5/ Entraînez-vous à les sélectionner pour traiter des sujets et à les placer dans des plans détaillés[2].

6/ Entraînez-vous à les adapter à des sujets précis en reformulant surtout la ou les premières phrases.

7/ Entraînez-vous à rédiger de bonnes introductions, conclusions et transitions !

Voilà, vous êtes parés ! Vous connaissez l'esprit et les principes de la méthode. Cela étant dit, ne vous faites pas d'illusions : ce livre n'est pas la panacée, et vous n'êtes qu'au début de vos peines. La clef est en vous : ce sont votre investissement, votre rigueur, et votre cons-

---

[2] La méthode des paragraphes ne dispense pas de savoir traiter un sujet et élaborer un plan détaillé ! Elle n'a vocation qu'à vous soulager de la mobilisation de références et de l'effort handicapant consacré à la rédaction.

tance qui vous permettront d'avoir une bonne note en culture générale au concours. Pour autant, vous pouvez quand même vous réjouir d'être déjà sur la bonne voie !

Des témoignages que nous avons recueillis se dessinent trois catégories d'élèves parmi ceux qui utilisent la méthode des paragraphes. La première est constituée de ceux qui, par bêtise, grande négligence ou manque de temps, réduisent leur travail de l'année en culture générale à apprendre (plus ou moins bien) par cœur les paragraphes en se disant qu'ils les recracheront le jour J. Bien entendu, ces candidats obtiennent de mauvais résultats et n'améliorent même pas forcément leur note par rapport à ce qu'elle serait avec la méthode classique.

La deuxième catégorie comprend les élèves qui ont retravaillé et appris les paragraphes avec application, mais ont négligé les étapes suivantes (5 à 7). Si ceux-ci sont généralement déçus de n'avoir qu'une note égale ou légèrement supérieure à celle qu'ils espéraient, leurs résultats reflètent toutefois la substantielle économie de temps qu'ils ont réalisée avec la méthode des paragraphes – par exemple avec des notes très élevées en mathématiques, souvent synonymes d'admissibilité dans les parisiennes.

Viennent enfin les grands gagnants : les candidats qui appliquent la méthode avec soin gagnent au minimum 5 points, avec des notes comprises entre 15 et 20 (dont beaucoup de 18, 19, 20). Des khûbes sont par exemple passés de 8 à 18 en optant pour la méthode des paragraphes[3]. Nous souhaitons bien évidemment à tous nos

---

[3] Ils atterrissent souvent dans une école située à Jouy-en-Josas.

lecteurs de rentrer dans cette catégorie et nous espérons avoir contribué, par nos explications, à la rendre la plus large possible.

Bon courage à tous !

L'équipe du blog 1000 idées de culture générale

L'ORIGINE ET LA NATURE DE LA PAROLE

1. <u>De la nature</u>, Lucrèce

L'origine de la parole peut sembler naturelle. En considérant l'organe dont elle dépend, il apparaît en effet qu'un homme n'aurait pu émettre les sons variés de la langue si les autres ne pouvaient le faire en même temps, puisque la variation des sons dépend seulement des affections naturelles. Chez les animaux, de même, l'usage qu'ils peuvent faire de leur force ne précède pas l'existence des organes, mais seulement leur achèvement : les cornes du veau commencent déjà à pousser (elles sont *nata*, mais pas encore élevées, *extent*), les lionceaux ont déjà un début de dents et de griffes, les oiseaux possèdent déjà des ailes tremblantes. Ainsi, le sentiment de l'usage est postérieur à l'apparition des organes. C'est ce résultat que Lucrèce applique à la parole pour montrer qu'elle n'est pas le fruit de conventions (<u>De la nature</u>). « *Croire qu'alors un homme a nommé chaque chose, écrit le poète, que dès lors les humains surent les premiers mots, c'est folie* ». En effet, les deux causes primitives du langage seraient toutes deux naturelles : la nature pousse à moduler les sons sous l'effet des sentiments (ce qui est commun aux hommes et aux animaux), et du besoin (*utilitas*) à exprimer les noms pour désigner les choses – le langage est un besoin vital. Ainsi, si c'est bien l'homme qui invente la finalité de la parole, c'est la nature qui le fait parler.

2. <u>Le langage. Introduction à l'étude de la parole</u>, Edward Sapir

Le processus d'acquisition de la parole semble très spécifique. Si le sens commun le présente comme inné et naturel, une analyse plus approfondie tend à remettre en cause cette caractérisation. Il s'avère en effet que la parole n'est pas aussi naturelle que la marche ou la respiration. La comparaison des processus d'acquisition de la parole et de la marche est tout particulièrement éclairante. Dans l'apprentissage de la marche, la culture n'intervient pas comme un facteur décisif. En fait, l'individu est équipé individuellement, du point de vue de l'hérédité biologique, pour concrétiser les adaptations qui aboutissent à la marche. Celle-ci est une fonction biologique inhérente à l'être humain. Edward Sapir montre en s'appuyant sur cette comparaison que le langage ne se conforme pas à ce modèle (<u>Le langage. Introduction à l'étude de la parole</u>). Si l'homme est aussi destiné à parler, cela résulte en réalité du fait qu'il est né dans une société certaine de lui faire adopter ses traditions à elle. « *Éliminez la société, écrit le linguiste américain, et il y a toute raison de croire qu'il apprendra quand* *même à marcher, en supposant qu'il survive. Mais il est tout aussi certain qu'il n'apprendra jamais à parler, c'est-à-dire à communiquer ses idées selon le système traditionnel d'une société particulière ».* Le processus d'acquisition de la parole est donc dépendant d'un certain milieu social.

3. <u>Biffures</u>, Michel Leiris

La parole semble être une faculté acquise. Elle se développerait chez l'humain pendant l'enfance, par mimétisme, au contact des semblables qui en sont déjà doués. Dans le premier tome de son autobiographie, intitulé <u>Biffures</u>, Michel Leiris décrit l'acquisition du langage comme un moment charnière dans l'enfance – il y aurait un avant et un après le langage. Il y relate notamment une expérience de langage à valeur de révélation symbolique : le petit Leiris fait tomber l'un de ses jouets qui, par bonheur, ne se brise pas dans la chute ; tout à sa joie, l'enfant s'écrie : « *...reusement !* », avant qu'un adulte n'intervienne pour le corriger : « *L'on ne dit pas « ...reusement », mais « heureuseument » »*. Apparemment minime, cette rectification suffit à polariser l'expérience du sujet-narrateur entre, d'une part, le monde (droit) de la règle et du langage commun ; et, d'autre part, le monde (gauche) de l'enfance, du jeu, et du langage propre. « *De chose propre à moi, écrit Leiris, [le langage] devient chose commune et ouverte. [...] tissu arachnéen de mes rapports avec les autres, [qui] me dépasse, poussant de tous côtés ses antennes mystérieuses* ». Cet épisode fonctionne comme la matrice de l'écart irréductible qui, à travers le langage et le monde des autres, sépare le moi de lui-même, en l'expulsant hors de la totalité rassurante de l'enfance. L'acquisition de la parole est ainsi comparable à une seconde naissance.

4. <u>Problèmes de linguistique générale</u>, Émile Benveniste

La parole apparaît comme une faculté qui sépare l'homme de l'animal. En effet, ceux-ci ne communiquent pas de la même manière. D'une part, l'animal émet en réaction à un stimulus, à une réalité surgissant de manière inopinée, un son ou un « cri » particulier (l'aboiement du chien, le hurlement du loup, le hululement de la chouette, etc.) qui n'a pas besoin d'articulation. D'autre part, la parole humaine, elle, ne vaut pas comme un simple signal, elle ne répond pas à un choc ; elle est forcément articulée et renvoie à une idéalité. Pour Émile Benveniste, la faculté humaine à la parole repose sur la distinction entre le signal et le symbole : l'animal est bien capable de signaux, mais pas de symboles, eux institués par l'homme, et là réside la différence fondamentale entre leurs modes de communication (<u>Problèmes de linguistique générale</u>). « *Employer un symbole, écrit le linguiste, est cette capacité de retenir d'un objet sa structure caractéristique et de l'identifier dans des ensembles différents. C'est cela qui est propre à l'homme et qui fait de l'homme un être rationnel. (…) Or, cette capacité représentative d'essence symbolique qui est à la base des fonctions conceptuelles n'apparaît que chez l'homme.* » Ainsi, la parole étant représentative, elle présuppose la pensée, et c'est en cela qu'elle se distingue de la communication animale.

5. <u>Cours de linguistique générale</u>, Ferdinand de Saussure

La parole semble être l'expression d'un système. Elle correspond en effet à l'usage de la langue, qui peut être conçue, dans son organisation interne, comme un ensemble d'éléments interdépendants. Selon cette conception, le signe linguistique a un caractère arbitraire. Ferdinand de Saussure, l'initiateur de cette thèse, définit ainsi le langage comme une faculté humaine servant à s'exprimer de façon générale au moyen de signes (<u>Cours de linguistique générale</u>). Cette faculté se construit d'après le sens que les signes prennent les uns par rapport aux autres et selon des règles d'opposition et de distinction. Au sein de ce système, le signifiant (le son) et le signifié (le contenu sémantique) forment les deux facettes d'un même signe et symbolisent tous deux une particularité de la langue. Or, d'une langue à une autre, le signifié existe, est absent, ou encore est opposable à un autre concept existant dans une autre langue. De ce fait, les concepts auxquels une langue a recours n'expriment pas des choses préexistantes ou une réalité, puisque les mots ou les catégories grammaticales d'une langue n'ont pas toujours de correspondance dans une autre. De surcroît, entre le signifiant, le signifié, la forme acoustique et l'idée, le lien est seulement de convention, car le signifiant n'a aucun lien naturel avec le signifié, dans la mesure où rien ne permet d'établir une relation entre une image acoustique et un concept. La parole exprime donc un système, et non pas la réalité elle-même.

6. <u>Structures syntaxiques</u>, Noam Chomsky

La parole peut apparaître comme l'expression d'une fonction universelle. À sa venue au monde, l'enfant se trouve immergé dans la langue qu'il lui faut apprendre, un ensemble de signes, de mots, combinés entre eux afin de créer une phrase, et plus particulièrement une signification. Or, très tôt et bien avant tout apprentissage formel, il se révèle capable de comprendre et même de formuler des phrases qu'il n'a jamais entendues (et de façon tout à fait correcte). Or, ce constat implique que l'individu dispose de principes innés qui le guident dans l'élaboration de la grammaire de sa langue. Cette faculté constitue pour Noam Chomsky (<u>Structures syntaxiques</u>) une « grammaire universelle », encodée dans nos circuits cérébraux, qui permet à l'enfant de savoir choisir la phrase conforme à la structure profonde de sa langue. Elle est universelle parce qu'elle s'appuie sur un ensemble de règles et des principes syntaxiques partagés par toutes les langues. Autrement dit, le cerveau de l'enfant serait capable, dès la naissance, de comprendre toutes les langues parce qu'il appréhende leurs structures syntaxiques. La « grammaire universelle » doit plus particulièrement se comprendre comme un ensemble de contraintes inconscientes capable de repérer la validité d'une phrase avant de la formuler. Cette théorie laisse envisager, dans la continuité de l'hypothèse aristotélicienne de l'homme « animal politique », à quel point la parole est innée et constitutive chez l'être humain.

LA PENSÉE ET LA PAROLE

7. <u>Le rire</u>, Henri Bergson

Il semble que la parole ne permette pas de tout dire. Sa capacité à décrire le réel serait en effet limitée : le mot ne se superpose pas à la chose, matérielle ou spirituelle, il est au contraire entre eux un abîme, une béance qui rend l'être irréductible au dire. Dans cette perspective, l'acte de parler serait purement extérieur à l'essence de la réalité, dont il n'offrirait qu'une représentation infidèle et dégradée. Cette non-correspondance de la parole à la pensée trouve son explication dans la faculté du langage. Pour Bergson (<u>Le rire</u>), le langage est tout simplement incapable d'exprimer fidèlement les sentiments de l'individu et la réalité authentique des choses, parce que les mots ne décrivent que l'aspect extérieur de toute chose, y compris de l'intériorité du sujet. Telle est l'incapacité dont témoigne le rire, et plus précisément le jeu de mots. « *Tandis que, écrit le philosophe, la comparaison qui instruit et l'image qui frappe nous paraissent manifester l'accord intime du langage et de la nature, envisagés comme deux formes parallèles de la vie, le jeu de mots nous fait plutôt penser à un laisser-aller du langage, qui oublie-*

*rait un instant sa destination véritable et prétendrait main-
tenant régler les choses sur lui, au lieu de se régler sur elles. »*
Ainsi, la capacité de la parole à faire rire montrerait
qu'elle ne peut pas tout dire.

8. Discours sur l'origine de l'inégalité parmi les hommes, Rousseau

La parole semble être le support de l'abstraction.
Alors que le concret se donne à saisir simplement dans la
perception du monde matériel, l'abstrait ne pourrait lui
s'exprimer que par l'intermédiaire du langage, à l'oral ou
à l'écrit. Par exemple, un triangle imaginé est un triangle
spécifique avec des caractéristiques précises, mais la définition générale du triangle – c'est-à-dire l'idée de triangle
– est dépendante de la parole. Acquis à cette thèse, Rousseau affirme que l'impossibilité de concevoir les idées
abstraites autrement que par le discours implique qu'il
faut d'abord parler pour avoir des idées générales (Discours sur l'origine de l'inégalité parmi les hommes).
Imaginant le processus d'acquisition de la parole, il fait
l'hypothèse que les hommes usèrent d'abord du cri (« *de
la nature* ») dans des situations d'urgence. Ce n'est qu'à
partir du moment où ils s'assemblèrent qu'ils éprouvè-
rent le besoin de raffiner leur communication : « *ils cher-
chèrent des signes plus nombreux et un langage plus étendu :
ils multiplièrent les inflexions de la voix, et y joignirent les
gestes, qui, par leur nature, sont plus expressifs, et dont le
sens dépend moins d'une détermination antérieure* ». Si les
premiers mots avaient une signification bien trop éten-

due, postule le philosophe, le langage gagna progressivement en précision et en subtilité, au fur et à mesure que la curiosité humaine faisait augmenter les connaissances. La sophistication de la parole aurait donc permis le développement de la pensée.

9. Encyclopédie des sciences philosophiques. Philosophie de l'esprit, Hegel

La parole peut être conçue comme le support de la pensée. Dans cette perspective, celle-ci n'existerait véritablement qu'en ayant une forme objective, c'est-à-dire lorsqu'une certaine extériorité manifeste ce qui est purement intérieur. Or, le mot constitue cette extériorité. Dès lors, il ne serait pas possible de croire que les pensées supérieures ou transcendantes auraient la caractéristique de ne pouvoir s'exprimer par la parole. C'est pourquoi Hegel affirme que c'est une erreur d'accorder trop d'importance à l'ineffable (ce qui ne peut pas être exprimé), car il correspond en fait à la pensée obscure, en fermentation ; à la vérité, c'est « *le mot [qui] donne à la pensée son existence la plus haute et la plus vraie* » (Encyclopédie des sciences philosophiques. Philosophie de l'esprit). Pour le philosophe, en réalité, il n'est pas de pensée sans langage : l'intuition et l'ineffable doivent s'incliner devant la pensée conceptuelle claire qui s'exprime dans le langage. L'intuition, écrit-il, est une « *nuit où toutes les vaches sont noires* ». L'individu n'a donc de véritables pensées que lorsqu'il les exprime par le langage et la parole, car il n'est pas de pensée antérieure au langage réfléchi. « *C'est le son articulé, le mot, qui seul nous offre une existence où l'externe et l'interne sont si intimement unis. Par conséquent, vouloir penser sans les mots est une entreprise insensée* ». La parole s'impose alors comme la condition de la pensée et de la culture.

10. <u>Le langage indirect et les voix du silence,</u> Maurice Merleau-Ponty

Il semble qu'un lien intime unisse la parole à la pensée. Il serait par exemple excessivement simpliste, dans cette perspective, de considérer celle-là comme le médium de celle-ci. La nature de leur lien demeure toutefois problématique, car il est expliqué par deux conceptions apparemment incompatibles. Pour le réalisme, d'une part, le langage se résout dans sa fonction indicative : il dit les choses. Pour l'idéalisme, d'autre part, sa fonction est essentiellement expressive, c'est-à-dire qu'il véhicule la pensée. C'est pour penser le langage autrement que selon cette alternative que Merleau-Ponty propose une interprétation ontologique de la parole. Ainsi montre-t-il dans <u>Le langage indirect et les voix du silence</u> que la parole et la pensée sont à la fois sujet et objet, en vertu de quoi le dualisme qui semble les opposer est illusoire : le langage n'est pas un simple outil pour traduire la pensée, car la pensée forge la parole autant que la parole forge la pensée. Pour le philosophe, la langue est une structure dans laquelle les éléments n'ont de réalité que les uns par rapport aux autres. Dès lors, si l'opacité du langage est indépassable, le sens se trouve dans la différence entre les mots, car le langage est une pensée en construction. Il semble donc que l'être de la parole chevauche l'être de la pensée, et réciproquement.

11. <u>Linguistique et anthropologie</u>, Benjamin L. Whorf

La parole exprime peut-être le paradigme propre à la langue. En effet, les représentations mentales d'un individu ne semblent pas parfaitement indépendantes de celle-ci. Dans cette perspective, parler français, anglais, chinois ou russe ne serait pas seulement communiquer d'une façon particulière, mais aussi concevoir le monde à partir de catégories linguistiques spécifiques. L'être humain ne serait pas libre de conceptualiser le réel hors de sa langue ; ce processus serait au contraire conditionné par celle-ci, organisatrice de l'esprit dans la perception du monde. Benjamin L. Whorf donne à l'appui de cette thèse l'exemple de ce qu'il appelle la « langue esquimau » (qui regroupe en réalité une famille de langues), laquelle disposerait de trois mots pour désigner la neige, là où l'anglais n'en aurait qu'un seul (*snow*), de telle sorte que « *pour un esquimau, ce terme générique [snow] serait pratiquement impensable* » (<u>Linguistique et anthropologie</u>). Spécialiste des pictogrammes hopis, l'anthropologue américain a comparé l'expression du temps en hopi et en anglais standard. Il en ressort que les langues seraient, de manière plus générale, porteuses, dans leur lexique comme dans leur syntaxe, de modèles mentaux culturellement variables. Ces modèles mentaux formeraient une vision du monde propre à la culture associée à cette langue. Ainsi, les langues – et donc les paroles – possédant différentes logiques, elles impliqueraient des paradigmes d'interprétation de la réalité différents.

12. <u>Psychopathologie de la vie quotidienne</u>, Sigmund Freud

La parole possède la capacité de trahir la pensée. Dans certaines situations, en effet, il arrive qu'elle ne soit pas conforme à l'intention du locuteur. De manière plus spécifique, de surcroît, elle peut même correspondre à une pensée que celui-ci ne souhaite pas exprimer. Le psychanalyste W. Stekel raconte par exemple comment, exaspéré par l'atmosphère délétère d'une assemblée générale orageuse, il dit (en allemand) « *Combattons le quatrième point de l'ordre du jour.* » au lieu de « *Abordons le quatrième point de l'ordre du jour.* » parce qu'il remplaça le mot *schreiten* (« abordons ») par *streiten* (« combattons »). Terme inventé par Freud (<u>Psychopathologie de la vie quotidienne</u>), le lapsus (du latin *labare*, « trébucher, glisser ») désigne une erreur verbale (*lapsus linguae*) ou écrite, voire mémorielle, apparaissant comme une manifestation inconsciente, commise en moyenne, selon les estimations des linguistes, tous les 600 à 900 mots. Autrefois expliqué par un mécanisme de contamination des sons entre eux, le lapsus a ensuite été identifié à partir du XIXe siècle comme un phénomène de trahison de la pensée. Le sentiment de malaise souvent consécutif au lapsus témoignerait d'une manifestation de l'inconscient en dépit des barrières du censeur interne qu'est le Sur-moi. Ce sont donc des pensées inacceptables, car réprimées par la conscience, qui sont libérées par les lapsus. Dès lors, la parole est davantage qu'un mode de communication, elle est révélatrice de l'inconscient de l'individu.

LA SUBJECTIVITÉ ET LA PAROLE

13. <u>Les Confessions</u>, Jean-Jacques Rousseau

La parole autobiographique peut réussir à dévoiler la véritable identité de l'individu. Entreprendre de raconter sa propre histoire créerait pour le sujet les conditions d'une transparence à soi, l'exercice rendrait possible de poser un regard rétrospectif et dépassionné, c'est-à-dire objectif, sur soi-même. Cette vertu découlerait tout particulièrement de l'aveu des fautes, des faiblesses et des failles personnelles, données à juger au public dans leur authenticité brute. Telle est, par exemple, l'ambition posée par Jean-Jacques Rousseau dès l'ouverture de ses <u>Confessions</u> : « *Je veux montrer à mes semblables un homme dans toute la vérité de la nature, et cet homme, ce sera moi* ». Son autobiographie est plus précisément pour lui l'opportunité de défendre la singularité absolue de son individualité. Il se présente comme étant le seul à ne pas vivre dans le mensonge social et à pouvoir atteindre son identité authentique, tandis que les hommes ne se connaissent qu'à travers le regard des autres sur eux-mêmes. « *Je sens mon cœur, écrit-il, et je connais les* *hommes. Je ne suis fait comme aucun de ceux que j'ai vus ; j'ose croire n'être fait comme aucun de ceux qui existent. Si je ne vaux pas mieux, au moins je suis autre* ». Lui se situe au plus proche de l'amour de soi, alors que les autres vivent dans l'amour propre. C'est pourquoi sa parole autobiographique peut dire la vérité sur sa personne.

14. <u>Le soi et l'identité narrative</u>, Paul Ricoeur

La parole contribue à échafauder l'identité individuelle. Il semble que faire le récit de soi-même rende possible un recul réflexif, un écart dans lequel se logerait la conscience de soi. Ainsi, dire « je » permettrait de rendre compte de soi, de ses actions, de ses pensées ; de conférer par-là un sens à une série d'événements contingents et de maintenir un sentiment de continuité dans l'existence. Tel est le mécanisme par lequel, selon Paul Ricoeur, la temporalité et l'identité se nouent intimement lorsque le sujet « *se raconte lui-même* » (<u>Le soi et l'identité narrative</u>). Cette réflexion prend pour point de départ l'identité personnelle comme inscription de l'être humain dans le temps, au cours duquel quelque chose de l'individu se maintient malgré le caractère inévitable du changement. Dans cette conception, le « je » représente le point de convergence entre une « identité-idem » (ce qui demeure) et une « identité-ipse » (ce qui change, ou s'ajoute par autoréflexion), au creux d'une identité narrative où le sujet s'invente et se construit. Dès lors, chacun constitue son identité à la manière d'un écrivain qui invente ses personnages : « *(…) le récit, écrit le phénoméno-logue, fait partie de la vie avant de s'exiler de la vie dans l'écriture (…)* ». La parole est donc une dimension essentielle de l'identité, dans la mesure où le sujet se définit lui-même tout le long de sa vie grâce au langage.

15. <u>Contre Sainte-Beuve</u>, Marcel Proust

La parole écrite peut apparaître comme le moyen de transcender la subjectivité. Écrire rendrait possible de sortir de soi-même et de sa perspective étriquée, car forcément individuelle, d'interprétation du réel. Le talent littéraire, plus précisément, opérerait le passage de la subjectivité du sujet à la (relative) objectivité de l'artiste authentique en quête de la seule vérité, et il restituerait par-là le point de vue de l'universel. L'écriture est ainsi pour Marcel Proust un acte qui transcende la subjectivité vers la vérité (<u>Contre Sainte-Beuve</u>). Comme « *les faits ne pénètrent pas dans le monde de nos croyances* » (<u>À la recherche du temps perdu</u>), il est nécessaire de les retrouver en s'évadant de la subjectivité, dans la solitude, par l'introspection. L'écrivain estime ainsi, à l'instar de Rousseau, que l'homme n'est pas lui-même lorsqu'il est dans la fréquentation de ses semblables, qu'il n'a alors pas accès à son essence, à son moi véritable. C'est donc la vocation du romancier que de se mettre dans les conditions d'accéder à la vérité de lui-même, afin de la reconstituer par la forme romanesque. Il doit s'abandonner à une pure contemplation digne de l'ascèse religieuse. Les expériences de vie, c'est-à-dire le vécu, constituent certes le matériau du roman, mais c'est la parole écrite, et notamment le style littéraire, qui transmute cette matière vile (le vécu brut dans sa banalité) en une œuvre d'art possédant une résonance universelle.

16. <u>Cinq leçons sur la psychanalyse</u>, Sigmund Freud

La parole peut apparaître comme le moyen de réparer l'identité. Lorsque l'individu ne sait plus qui il est, lorsqu'il ne parvient plus à se reconnaître, parler semble mettre en évidence ses failles, et tout particulièrement la non-correspondance entre sa perception de lui-même et les facteurs psychiques qui l'animent véritablement. L'interlocuteur joue alors un rôle primordial dans ce processus, car il doit tout à la fois interpréter le sens de la parole et guider le locuteur vers la guérison. Dans la perspective de la psychanalyse, la parole est davantage qu'un mode de communication, elle est révélatrice de l'inconscient d'un individu, lequel est lui-même révélateur des comportements et désirs humains (<u>Cinq leçons sur la psychanalyse</u>, Freud). Prendre conscience de son inconscient repose donc sur un traitement par la parole qui présuppose un déterminisme psychique : toute idée, ou tout acte n'est pas arbitraire, mais a un antécédent et un sens que l'exploration de l'inconscient permet de mettre à jour (par exemple les rêves, les lapsus, ou les actes manqués). L'exploration de l'inconscient à l'aide de la parole a plus précisément pour objectif de lever les refoulements. Pour Freud, l'inconscient possède en effet un langage propre, échappant à la conscience, un langage qui possède son propre sens et son propre contenu, et qui, pour être compris, doit donc être interprété. C'est dans ce sens que la parole est le moyen de rétablir l'intégrité psychique de l'individu.

17. <u>Crime et Châtiment</u>, Fiodor Dostoïevski

La parole peut apparaître comme le moyen de rétablir l'intégrité de l'âme. Telle est par exemple, dans le christianisme, la fonction de la confession, laquelle constitue la deuxième étape du sacrement de pénitence et de réconciliation. Cette tradition religieuse se fonde sur l'idée que le sentiment du péché s'accompagne d'un désir de réconciliation avec la divinité offensée. C'est dans cette perspective que s'illumine le sens de la confession finale de Raskolnikov dans <u>Crime et Châtiment</u>. Après avoir hésité assez tôt à avouer l'assassinat de l'usurière, le protagoniste a subi l'installation progressive en lui-même d'un malaise insoutenable, le sentiment de la culpabilité, qui lui fit envisager le suicide. Ce phénomène témoigne du caractère social du péché : dans une société religieuse et spirituelle, le sentiment de l'offense faite à Dieu grandit dans les âmes ; le coupable prenant alors conscience que sa faute l'exclut de droit de la société de ses semblables, il se confesse pour y reprendre sa place. C'est pourquoi, enjoint par ses proches, le jeune criminel dostoïevskien finit par aller se confesser au commissariat :

« *C'est moi...* ». Cet acte de pénitence accompli, il peut alors entamer sa régénération au bagne même où il est condamné, grâce à l'amour de Sonia, la prostituée dont il s'était épris. C'est donc sa confession, révélatrice du pouvoir salvateur de la parole, qui est à l'origine de cette renaissance.

LA VÉRITÉ ET LA PAROLE

18. <u>Discours de la méthode</u>, Descartes

La parole claire apparaît comme l'étalon de mesure de la pensée juste. En effet, étant l'expression d'une pensée déjà constituée, elle opère le passage de l'intériorité à l'extériorité, même si elle ne semble pas nécessaire au processus, apparemment indépendant, de la pensée. Dès lors, bien parler semble requérir de bien penser, dans la mesure où les qualités de la pensée se retrouvent dans la parole. C'est pourquoi celle-ci devrait être notamment empreinte de la clarté propre à une pensée rigoureuse, avance Descartes (<u>Discours de la méthode</u>). La parole permet plus précisément de donner la preuve de l'ordre qui anime la réflexion cartésienne : pour être rigoureuse, la pensée doit être une suite de termes ordonnés de telle manière que le suivant dépende du précédent. C'est pourquoi deux des quatre règles de la méthode de Descartes visent à clarifier en mettant de l'ordre : la deuxième demande à l'esprit de simplifier les données du problème en les décomposant en éléments les plus simples possible, afin de mieux les examiner et les résoudre ; la troisième lui demande d'ordonner tous ces éléments en allant du plus simple au plus complexe. Dans cette méthode, le doute hyperbolique ne peut baisser les armes que devant l'évidence, c'est-à-dire la clarté la plus extrême. Ainsi, seule la clarté de la parole serait capable de transmettre la vérité de l'énoncé.

19. <u>Propos de littérature</u>, Alain

Il semble qu'un écart demeure toujours entre la vérité et la parole. Présentée comme servant à décrire les choses, celle-ci n'a pourtant de cesse d'être redressée par le réel. Muette, la technique a par exemple, de par ses œuvres, le pouvoir de rappeler la parole à la réalité empirique. Ce qui fonctionne fonctionne, et valide par-là la véracité de son mécanisme. Cependant, le langage n'est pas du côté du réel, affirme Alain (<u>Propos de littérature</u>), il est du côté de l'homme. L'effet du discours n'a pas de valeur par rapport aux choses. Dès lors, si l'homme veut les connaître, il doit aller à elles sans détour ; il doit agir, essayer, et se tromper. En revanche, que l'homme se place en intermédiaire entre l'homme et la chose est source d'erreurs démesurées, notamment dans les assemblées, où la parole est contagieuse. En effet, l'homme préfère croire l'homme plutôt que l'expérience, et une assemblée est capable de décider contre l'expérience la plus simple et la plus commune. Or, celle-ci a été mise à jour sans le secours de la parole. « *Le même homme, écrit ainsi Alain, eut toujours un bagage d'opinions sans paroles, très sages, et un bagage d'opinions parlées, très folles* ».

L'écart entre la parole et la vérité commença de diminuer quand on prit l'initiative, grâce à l'écrit, de rapprocher l'opinion parlée de la chose ; mais les passions responsables de leur éloignement n'ont jamais disparu.

20. <u>Confessions</u>, Saint-Augustin

La parole est vue comme permettant à la divinité de se manifester. Corporelle ou incorporelle, celle-ci est souvent dotée d'une voix lui permettant d'intervenir dans le monde des mortels pour leur délivrer ses instructions ou révélations. Dans la Bible, par exemple, Dieu est assimilé au « Verbe » parce qu'il a créé le monde par la parole : « *Dieu dit : Que la lumière soit ! Et la lumière fut.* » décrit <u>La Genèse</u> ; puis parce que le dieu d'Israël s'adresse à son peuple comme à une personne, notamment pour l'appeler à la conversion. Ce dieu pourrait même se manifester à un individu, comme en témoigne le fameux épisode de la conversion de Saint-Augustin (<u>Confessions</u>). Invoquant le pardon divin au pied d'un figuier d'un jardin de Milan, le futur évêque d'Hippone entend alors une voix juvénile qui, dans la maison toute proche, ne cesse de répéter en chantant : « *Tolle, lege ! Tolle, lege ! – Prends et lis ! Prends et lis !* ». Voyant là un appel divin, il ouvre les Épîtres de Saint Paul au hasard et reçoit l'illumination en tombant sur un passage l'invitant à renoncer à la débauche. Il se sentit aussitôt envahi par un calme étrange, tous ses doutes furent instantanément dissipés. C'est donc cette parole miraculeuse qui, interprétée comme une manifestation divine, déclencha la conversion de Saint-Augustin.

21. <u>La tyrannie de la communication</u>, Ignacio Ramonet

La parole peut être un vecteur d'aliénation. Tel est le reproche adressé au paradigme de la communication : la parole viserait, pour celle-ci, à délivrer un message dans un but précis, à produire un effet, comme susciter l'adhésion ou provoquer une réaction. Les médias de masse, tout particulièrement, fonctionneraient dans cette perspective, en produisant l'impression de la vérité par la répétition. C'est submergé par l'unanimisme des interprétations que l'individu se soumettrait à l'évidence de leur validité. Dans <u>La tyrannie de la communication</u>, Ignacio Ramonet dénonce les manipulations dont sont victimes les citoyens sous le double effet de la logique de l'information devenue « marchandise » et de l'avènement du multimédia, qui réalise la convergence des médias textes, sons et images vers un seul support numérique échangeable de manière instantanée. À l'appui de nombreux exemples (les faux charniers de Roumanie lors de la chute des Ceausescu, le faux interview de Fidel Castro par Patrick Poivre d'Arvor), mais aussi de la façon dont sont exploités les évènements mondiaux (la chute du mur de Berlin, la première Guerre du Golfe, l'affaire Lewinsky-Clinton, la mort de Diana), il montre comment la parole médiatique conduit à aliéner les masses au lieu de les informer. En particulier, la règle du direct et de l'immédiat empêche toute prise de recul et prive les sens du correctif nécessaire de la raison.

22. <u>Les Grands Sophistes dans l'Athènes de Périclès</u>, Jacqueline de Romilly

La parole est susceptible de se dégrader jusqu'à se prendre elle-même pour finalité. Délaissant le service de la vérité, elle serait alors à elle-même sa propre raison d'être : on parlerait pour parler, purement et simplement pour perpétuer la vie des mots, ainsi qu'il est couramment reproché au bavard. Dans cette conception autoréférentielle de la parole, la forme du discours prime le fond, car c'est de sa virtuosité, et non de l'adéquation à la réalité, que la parole tire sa valeur. Jacqueline de Romilly voit dans les sophistes de l'Antiquité l'incarnation de cette remise en cause du concept de vérité (<u>Les Grands Sophistes dans l'Athènes de Périclès</u>). Ils sont en effet des maîtres à penser et à parler apparus à la fin du Ve siècle à Athènes, une époque où la vie intellectuelle prenait la forme d'un jeu, d'un concours : les thèses étaient défendues par des concurrents auxquels un juge souverain, qui est souvent le public, décerne le prix. Dans leur contexte démocratique, toutefois, où l'influence politique et les décisions de l'État dépendaient du peuple, lui-même dépendant de la parole, ils proposaient une éducation intellectuelle payante qui permettait de savoir parler en public. Contre l'accusation d'onanisme verbal, il serait donc aussi possible de défendre le sophisme comme une première affirmation de la supériorité de la vie sociale sur la vie intellectuelle. Le courant paraît néanmoins être à la racine d'un certain cynisme intellectuel et politique.

23. <u>Romances sans paroles</u>, Paul Verlaine

Il semble qu'il existe un au-delà de la parole. En particulier, celle-ci n'est peut-être pas le meilleur moyen de véhiculer les sentiments. Il pourrait en effet lui être reproché de figer les états d'âme. Dès lors, il s'agirait de trouver un langage à nouveau capable de traduire l'authenticité de la confidence lyrique, par exemple, c'est-à-dire de faire fusionner mots et états d'âme. C'est dans cette perspective que Verlaine manifeste dans ses <u>Romances sans paroles</u> sa méfiance à l'égard des mots et des concepts qu'ils véhiculent. Il éprouve dans ce recueil les limites d'une langue qui fige et trahit la vérité de l'âme ; c'est pourquoi il le compose sur un modèle essentiellement musical. Ainsi, inspiré par la musicalité de chansons comme les ariettes de Favart (que Rimbaud lui a fait découvrir), il associe dans les « Ariettes oubliées » la musique des mots à leur pouvoir évocateur : il les sélectionne comme autant de notes de musique, moins pour le sens qu'ils portent que pour la mélodie qu'ils jouent. De surcroît, il donne également à sa poésie une dimension picturale dans les « Aquarelles » et les « Paysages belges ». Mettant l'accent sur les couleurs visuelles et le flou pour créer un sentiment de légèreté, Verlaine peint l'instabilité et la spontanéité du monde contemporain. Ces choix s'intègrent dans la quête d'une « poésie objective » qui échapperait à l'emprise de l'expression subjective propre à la parole.

LA CONVICTION

 Discours du 2 septembre 1792, Danton

L'éloquence peut servir de catalyseur. Elle a en effet le pouvoir de galvaniser l'auditoire, petit groupe ou foule, et de le conduire à agir avec un enthousiasme et une foi sans lesquels les chances de succès ne seraient pas les mêmes. C'est de cette manière que Danton, ministre de la Justice au sein du Conseil exécutif en 1792, donna une impulsion décisive à la défense nationale contre l'Autriche pendant la Révolution française. Le 2 septembre, Paris est pris de panique en apprenant que l'armée ennemie se rapproche. Danton se précipite alors à l'Assemblée pour prononcer une harangue aussi brève qu'énergique : « *Le tocsin qu'on va sonner n'est point un signal d'alarme, c'est la charge sur les ennemis de la patrie. Pour les vaincre, messieurs, il nous faut de l'audace, encore de l'audace, toujours de l'audace, et la France est sauvée.* ». Sous l'effet de cette parole, la Commune appellera les citoyens aux armes, convoquera les volontaires au Champ-de-Mars, fera sonner le tocsin, et le 20 septembre, la victoire de Valmy mettra fin à l'invasion du territoire par les coalisés. Véritable incarnation de l'éloquence, comme le montre la statue d'Auguste Paris du métro Odéon, qui le dépeint debout, le geste ample et le regard braqué sur l'horizon (symbole de la vision exprimée par le discours), Danton a donné la preuve que la parole éloquente peut être un puissant adjuvant.

25. <u>Un homme dans la foule</u> (film), Elia Kazan

L'éloquence peut s'avérer dangereuse. Elle confère en effet à la parole un certain pouvoir sur l'auditoire, notamment si celui-ci est large et homogène. Le parleur habile est capable de mouvoir les foules en faisant appel aux émotions, aux désirs, aux pulsions des individus, et en les rendant contagieux. Il parvient, avec la magie des mots justes, à réveiller une identité collective dans laquelle semble se dissoudre la rationalité individuelle. Elia Kazan montre dans <u>Un homme dans la foule</u> combien cette « dangerosité » de l'éloquence est décuplée par les médias de masse. Acceptant de s'exprimer à la radio contre une remise de peine, le détenu Larry Rhodes fait preuve d'une éloquence exceptionnelle qui ne passe pas inaperçue auprès des producteurs de télévision. Alors que sa célébrité croît très rapidement, cependant, sa véritable nature se fait jour : il est un homme égocentrique et vaniteux, en dépit de la sympathie bienveillante qu'il exprime à son large public ; il méprise celui-ci autant que ses collaborateurs, se croyant capable de manipuler quiconque se trouve sur son chemin. Son succès suscite ensuite l'intérêt des hommes politiques, lesquels voient en lui le moyen de toucher un grand nombre d'électeurs. Ainsi, dans la société de consommation, les médias de masse donnent à l'éloquence la capacité d'atteindre les foules et de modeler l'opinion publique en fonction de buts inavouables qui ne relèvent pas du bien commun.

26. De l'Orateur, Cicéron

L'éloquence peut apparaître comme l'expression authentique de l'intelligence humaine. Parfois décriée, dans les sociétés contemporaines, comme l'apanage du manipulateur et du démagogue, elle ne serait toutefois pas indépendante de qualités d'esprit vertueuses. Dans cette perspective, elle présupposerait une certaine relation entre le fond et la forme : être éloquent requerrait par exemple de la culture et de l'intelligence, c'est-à-dire une certaine compréhension des problèmes humains. Pour Cicéron, « *personne ne saurait devenir un orateur accompli, s'il ne possède tout ce que l'esprit humain a conçu de grand et d'élevé* » (De l'Orateur). Dès lors, les véritables orateurs seraient rares, et ils sont probablement à chercher parmi les hommes qui occupent les plus hautes fonctions et qui ont reçu une éducation approfondie élitiste. En effet, « *c'est tout l'ensemble de connaissances que possèdent les hommes les plus instruits [...] qui constitue l'éloquence* », définit le magistrat romain. Dès lors, la véritable éloquence ignore la rhétorique, car elle trouve sa puissance dans la profondeur du savoir pour exprimer la raison, laquelle se viderait de son sens sans elle. D'un point de vue politique, l'éloquence ne doit donc pas être vue comme l'instrument du démagogue, le catalyseur de la bêtise du peuple, mais au contraire comme utile à la Cité – tout particulièrement démocratique – où elle permet au débat de mettre en évidence les directions possibles du destin collectif.

27. <u>Les Fausses Confidences</u>, Marivaux

La parole apparaît comme un instrument de manipulation très puissant de l'interlocuteur. En effet, tout acte de communication peut s'interpréter comme un rapport fiduciaire, dans la mesure où il repose sur la nécessité de croire à la parole d'autrui. La parole présuppose donc une relation de confiance entre le locuteur et son destinataire, une dimension qui renvoie à l'extrême complexité des rapports entre l'être et le paraître. C'est dans cette perspective que le critique littéraire Jean Rousset écrit à propos des <u>Fausses Confidences</u> de Marivaux : « *Le masque par excellence, c'est la parole* ». Dans cette pièce, ainsi, le mécanisme de la fausse confidence fait de la parole le cheval du paraître. C'est tout particulièrement Dubois, chargé par son ancien maître Dorante de conquérir pour lui la riche veuve Araminte, qui prend bien soin de mettre en scène, de manière calculée, ses révélations, d'employer la curiosité, la jalousie et l'amour-propre de son interlocutrice pour parvenir à ses fins. Si le dramaturge dépeint cet exercice du pouvoir du langage sous l'apparence d'un jeu, celui-ci n'est pourtant pas dénué d'une certaine ambiguïté. Jean Rousset voit là un « double registre » propre aux personnages marivaudiens, lesquels fonctionnent selon deux niveaux de réalité, celui du paraître (qui les conduit à endosser un masque) et celui de l'être (la vérité du cœur, au-delà des apparences). La parole incarne donc ici plus précisément l'insécable fusion, en l'homme, de la rouerie et de la sincérité, de l'abandon et du calcul.

28. <u>Le Corbeau et le Renard</u>, La Fontaine

La maîtrise de la parole peut se révéler bénéfique. Le parleur développe en effet la faculté d'amener autrui à lui procurer des avantages. Bien maniée, la parole est effectivement un instrument, une arme ; elle confère un pouvoir sur celui qui écoute, qui est par exemple susceptible de « boire les paroles », et de « croire sur parole ». Le beau parleur est donc naturellement tenté d'exploiter la fébrilité de l'auditeur sous l'emprise de son charisme oratoire – la parole est assurément un aspect de la domination charismatique au sens de Max Weber. La fable <u>Le Corbeau et le Renard</u> de La Fontaine illustre bien ce phénomène. Alléché par le fromage, Maître Renard adresse à Maître Corbeau une parole intéressée, caricaturalement louangeuse : « *Que vous êtes joli ! que vous me semblez beau !* », et l'efficacité de sa flatterie lui épargne de chercher lui-même sa nourriture, sa « *proie* » tombant à ses pieds. Ainsi, la parole a le pouvoir de satisfaire le besoin de reconnaissance de l'homme, permettant au sophiste d'en tirer profit. « *Apprenez que tout flatteur / Vit aux dépens de celui qui l'écoute.* », conclut Maître Renard. Sûr de son pouvoir de persuasion, le bon flatteur essaie en effet systématiquement d'activer la générosité naïve de ses interlocuteurs. Sa maîtrise de la parole peut donc lui être très bénéfique.

29. <u>Jacques Pilhan, le sorcier de l'Élysée,</u> François Bazin

La conviction semble reposer sur la justesse de la parole. Pour avoir un effet et atteindre leur objectif, les mots devraient donc être le produit d'un calcul : leur sens doit avoir été méticuleusement élaboré, les circonstances de leur délivrance (temps, lieu, etc.) anticipées avec soin. Ce travail préparatoire demande notamment de s'appesantir sur la dimension symbolique de la parole, car celle-ci charrie avec elle bien plus que son sens explicite – de l'histoire, de la culture, des préjugés, etc. – autant d'aspects qui mettent en branle toute une mécanique inconsciente chez les destinataires. C'est ainsi que Jacques Pilhan, le fameux conseiller en communication de François Mitterrand, insistait sur la nécessité, pour tout homme politique, de conformer sa parole à un positionnement symbolique (<u>Jacques Pilhan, le sorcier de l'Élysée</u>, François Bazin). Il avait par exemple recommandé au quatrième président de la Ve République de se muer en une figure de sagesse. Cette stratégie le placerait sur un axe symbolique vertical, celui de la distance et de l'autorité, tandis que le Premier ministre occuperait lui un axe horizontal, celui de la proximité. Elle permettrait surtout, en rendant à la parole présidentielle une rareté organisée, de susciter le désir des électeurs. Pour être entendu, pensait Pilhan, il faut être attendu. Une parole efficace est donc avant tout une parole juste, dont les effets ont été calculés avec précision.

30. <u>Storytelling</u>, Christian Salmon

La parole narrative semble très efficace. En effet, raconter une histoire possède tout à la fois un effet pédagogique – cela rend le propos plus accessible, car plus concret – et un effet argumentatif – cela sensibilise l'auditeur à la dimension humaine et émotionnelle de l'argumentation. C'est pourquoi les mises en récit sont devenues prédominantes dans la fabrique du lien social des sociétés contemporaines, montre Christian Salmon (<u>Storytelling</u>). Ainsi, le *storytelling*, ou « l'art de raconter des histoires », a investi les imaginaires collectifs en devenant la technique de communication des États et des centres de pouvoir économique du capitalisme. Le chercheur identifie cette technique comme une injonction née de l'économie de marché dans les pratiques de marketing, qui s'est ensuite diffusée aux instances de pouvoir et du politique. Cet art du récit n'a pas simplement pour objectif de convaincre le consommateur, ou l'électeur, mais aussi de le plonger dans une histoire dont il pourrait être le héros. Plus profondément, il correspond en fait à la construction consciente de croyances destinées à des individus en manque de repères. En politique, dénonce Salmon, le *storytelling* sert non seulement à créer une opinion favorable à un candidat, mais plus largement comme arme de ralliement et de soutien aux décisions politiques aux conséquences les plus meurtrières. L'efficacité de cette forme de parole explique l'usage généralisé qui en est fait.

L'ÉTHIQUE DE LA PAROLE

31. <u>Le droit de mentir</u>, Benjamin Constant

L'éthique de la parole ne semble pas pouvoir obéir à un principe trop rigoureux. Si le mensonge est en théorie condamnable, l'exclure totalement n'apparaît pas souhaitable dans la pratique, car la vérité peut nuire très fortement à l'intérêt du locuteur. Celui-ci devrait par conséquent prendre en considération les circonstances de l'énonciation et les effets potentiels de sa parole, plutôt que de se sentir moralement tenu par un devoir de dire la vérité. Benjamin Constant considère en effet qu'un tel devoir est tout simplement impossible en pratique (<u>Le droit de mentir</u>). S'opposant à Kant, qui voit la vérité comme un devoir absolu dans la mesure où elle fonde tous les devoirs d'un contrat et que la moindre exception la rendrait chancelante (<u>D'un prétendu droit de mentir par humanité</u>), le philosophe français objecte qu'une telle morale détruirait la société. Elle trouve ses limites dans nos autres devoirs : dire la vérité ne constitue une obligation qu'envers ceux qui ont droit à la vérité. *« L'idée de devoir, écrit-il, est inséparable de celle de droits : un devoir est ce qui, dans un être, correspond aux droits* *d'un autre. Là où il n'y a pas de droits, il n'y a pas de devoirs* ». Ainsi, nul homme n'a droit à une vérité qui nuirait à autrui. L'éthique de la parole vraie n'est donc applicable que sous conditions.

32. L'art de se taire, principalement en matière de religion, Abbé Dinouart

Il n'apparaît pas toujours judicieux de recourir à la parole. Le silence semble en effet parfois plus adapté, non pas comme un refus de toute parole, mais dans l'attente de circonstances plus appropriées. Il est tout particulièrement préférable de taire certaines vérités susceptibles de heurter son interlocuteur ou son public, affirme l'Abbé Dinouart dans L'art de se taire, principalement en matière de religion. À une époque où règne le persiflage, où les mots d'esprit font et défont les réputations dans les cours et les salons, le silence n'est pas une précaution excessive. Il faut ainsi prendre garde, prévient le prédicateur, de ne pas succomber à un trop grand désir de parler ou d'écrire, à une inclination trop forte pour la « confidence ». Il prône en remède la *prudentia*, attitude de réserve et de décence où le silence est d'or : « *Jamais l'homme ne se possède plus que dans le silence* ». L'enjeu n'est donc pas tant de se protéger soi-même que de protéger la sincérité authentique, l'ouverture silencieuse à autrui, et peut-être aussi la valeur même des mots voués à se déprécier. Pour le fervent adversaire des Lumières qu'était Dinouart, cette propension inéluctable de la parole à la dégradation condamne plus généralement tout discours scientifique : chercher à pénétrer les mystères de Dieu, par nature impénétrables, est peine perdue. L'homme doit dès lors apprendre l'humilité avec l'art de se taire, plutôt que de se perdre en vaines paroles.

33. <u>Confucius et la morale chinoise</u>, Victor Cherbuliez

L'éthique de la parole peut sembler être affaire de circonstances. Ainsi, l'exigence de vérité dépendrait du temps, du lieu, du sujet évoqué, de la finalité du discours, ou encore du statut du locuteur. Confucius estime par exemple que le commerce constitue une circonstance particulière qui légitime le mensonge, quand bien même celui-ci doit être réprouvé d'un point de vue général. En effet, argumente le sage chinois, le commerçant est contraint de mentir pour vendre, sans quoi il ne pourrait gagner sa vie. Sa parole lui permet de parer son produit ou son service de toutes les vertus, de présenter avec emphase ses qualités tout en dissimulant ses défauts, de promettre au consommateur plus qu'il n'en peut tirer — en clair, d'élaborer un discours comparable à ceux du marketing et de la publicité modernes. Pour Victor Cherbuliez (<u>Confucius et la morale chinoise, Revue des Deux Mondes</u>), cette conception s'intègre parfaitement dans la morale confucéenne chinoise, très pratique et pragmatique. « *Ce moraliste très utilitaire, écrit-il à propos de Confucius, avait peu de goût pour les dogmes, pour les subtilités de la théologie, pour les spéculations mystiques* ». Il valorisait au contraire l'usage, dont un âge millénaire faisait une caution plus que suffisante. Il en découlait une certaine indulgence pour les gens en place, les juges prévaricateurs, ou encore les mandarins concussionnaires, qui mentent de toute éternité. Les circonstances peuvent donc infléchir l'éthique de la parole.

34. <u>De la liberté</u>, John Stuart Mill

La liberté de parole peut apparaître comme une nécessité. En effet, les libertés d'opinion et de discussion semblent contribuer au bien-être des sociétés humaines. Elles permettraient à la fois de faire reculer l'oppression et de faire émerger le progrès intellectuel. John Stuart Mill voit plus précisément la liberté d'opinion comme condition de possibilité de la vérité (<u>De la liberté, chapitre II</u>). Dans le détail, trois types d'attitudes garantissent que celle-ci ne puisse écartée, puis perdue. Il est tout d'abord nécessaire de combattre la censure, car supprimer la liberté d'opinion empêcherait que certaines opinions partiellement, voire totalement justes, soient exprimées. Le philosophe recommande ensuite de se méfier de l'autorité intellectuelle. Puisqu'on ne peut être sûr d'une opinion, nul n'est infaillible, pas même l'opinion collective à laquelle l'homme du commun a fortement tendance à s'abandonner. Ni le titre ni le nombre ne garantissent le vrai : la teneur en vérité d'un propos est indépendante de la qualité de celui qui le tient. Il faut enfin favoriser la diversité des opinions. Sur tout sujet, la recherche de la vérité présuppose un équilibre entre les raisons opposées, en vertu de quoi toute objection doit être la bienvenue dans la réflexion collective. Dès lors, conclut Mill, la grandeur intellectuelle collective d'un peuple dépend de la liberté de discussion tolérée en son sein. Telle est la perspective dans laquelle la liberté de parole est nécessaire.

35. Traité sur la tolérance, Voltaire

La parole devrait pouvoir jouir de la tolérance des interlocuteurs. Ceux-ci ont pour devoir de respecter une certaine liberté de contradiction, c'est-à-dire de laisser s'exprimer toutes les opinions, tout particulièrement celles qu'ils ne partagent pas, qui les irritent, voire les heurtent. Ainsi, cette attitude bénéficierait à l'expression des convictions religieuses, trop souvent la cible d'une répression extrêmement violente. Voltaire affirme qu'une telle tolérance devrait être naturelle pour le genre humain (Traité sur la tolérance). Pour défendre Jean Calas, bourgeois protestant accusé à tort d'avoir assassiné avec sa famille son fils qui aurait voulu se convertir au catholicisme, il met par exemple en lumière le paradoxe consistant à faire du message originel de Jésus-Christ, fondé sur l'amour du prochain, un support de l'intolérance. « *Tu ne nous as point donné un cœur pour nous haïr, et des mains pour nous égorger…* », écrit-il dans la « Prière à dieu ». La parole religieuse plaide donc en réalité pour la tolérance religieuse. Le philosophe admettait toutefois, peut-être craintif de la censure de son époque, des limites à la liberté d'expression. Par exemple, manifester son désaccord dans l'espace public peut mériter réprimande, car les divergences ne sont permises et bienvenues que tant qu'elles se confinent à l'espace privé et qu'elles ne risquent pas de provoquer trop de conséquences. C'est donc sans être absolue que la tolérance devrait davantage bénéficier à la parole.

36. <u>Les essais</u>, Montaigne

La parole peut apparaître particulièrement vaine. Dans sa version autoréférentielle qu'est la rhétorique, elle donne l'impression d'être creuse et, au point de vue historique, symptomatique des crises politiques, lorsque la Cité est contaminée par la défiance. L'orateur qui prétend ainsi guérir le réel à grand renfort d'éloquence tend plutôt, avec son rapport libre à la vérité, à envenimer les choses. C'est dans cette optique que Montaigne compare, au chapitre 51 du livre I de ses <u>Essais</u>, la rhétorique à la malhabileté d'un cordonnier : « *Un rhétoricien du temps passé disait que son métier était de choses petites les faire paraître et trouver grandes. C'est un cordonnier qui sait faire de grands souliers à un petit pied* ». Le moraliste n'est pas moins sévère avec la parole au point de vue intellectuel : il moque la figure du grammairien – le linguiste moderne – auquel il reproche de se délecter vainement de termes techniques pour désigner des mécanismes dont la banalité ne justifie pas, et exclut même plutôt de recourir à une telle complexité de spécialiste :

« *Oyez dire métonymie, métaphore, allégorie et autres tels noms de grammaire, semble-t-il pas qu'on signifie quelque forme de langage rare et pellegrin ? Ce sont titres qui touchent le babil de votre chambrière* ». La parole peut donc sembler vaine tant au plan politique que dans sa prétention à s'interpréter elle-même.

37. <u>Ridicule</u> (film), Patrice Leconte

La parole peut être considérée comme une arme. Maniée avec habileté, elle est en effet capable de blesser profondément son destinataire. Le langage regorge de subtilités qui sont pour la méchanceté, le cynisme, l'envie ou la perversité, autant de chemins, implicites et raffinés, pour atteindre l'interlocuteur. Patrice Leconte met en scène cette dimension dans <u>Ridicule</u>, où il dépeint la cour de Versailles comme un monde impitoyable, rongé par la flatterie, le paraître, et l'hypocrisie. Plus que l'argent, ce microcosme du XVIIIe siècle valorise tout particulièrement le courtisan qui « a de l'esprit », c'est-à-dire la parole virtuose. Des aristocrates décadents y font un usage intensif du mot d'esprit à travers le persiflage, l'acte de ridiculiser son interlocuteur pour briller. Ponceludon, le héros, reçoit ainsi du marquis de Bellegrade le conseil suivant : « *Les sujets graves apportent du déplaisir et sont à bannir de vos propos. Formulez des saillies spirituelles, fines, promptes et malveillantes, alors votre pays guérira de ses plaies* ». Dès lors, le réalisateur fait une analogie entre le duel des armes et le duel des mots. Grâce à un montage très rythmé, les répliques et les plans sont courts tout au long du film, rapides comme des échanges de balles. En comparaison, la seule scène de duel d'armes est empreinte de lenteur, avec un ralenti et une musique calme. C'est donc la parole qui apparaît la plus dangereuse.

LE POUVOIR ET LA PAROLE

38. <u>Les politiques</u>, Aristote

La parole semble posséder une dimension politique. Cette caractéristique découlerait de la thèse de la sociabilité naturelle de l'homme, pour laquelle il serait spontanément porté à s'associer avec ses semblables. Plus profondément, il n'accomplirait pleinement son humanité qu'en tant qu'il devient un être politique. C'est dans cette perspective qu'Aristote écrit : « *Il est manifeste, à partir de cela, que la cité fait partie des choses naturelles, et que l'homme est par nature un animal politique (…)* » (<u>Les politiques</u>). Le point de départ de sa démonstration est un argument téléologique : la nature ne fait rien en vain. Par conséquent, si l'homme est doté d'une capacité au discours rationnel, c'est là la preuve qu'il est naturellement un animal politique. La cité est donc un espace dans lequel des valeurs communes vont pouvoir émerger à la suite d'un débat. Une communauté doit accoucher d'une certaine représentation du monde, de conceptions du bien et du mal exprimées par l'échange des discours. C'est plus précisément le *logos*, c'est-à-dire le langage en tant que restitution rationnelle de la réalité objective qui permet aux hommes de faire exister une forme de réalité qui ne serait pas existante par ailleurs. Ainsi, lorsque les hommes s'associent, c'est comme si un nouvel ordre de réalité était institué, avec un nouveau langage ; c'est comme si la réalité s'en trouvait augmentée, car la communauté politique fait émerger une réalité de valeurs. La parole serait donc éminemment politique.

39. <u>La Société contre l'État</u>, Pierre Clastres

La parole semble être un vecteur de légitimité du pouvoir. Elle sert en effet à justifier les décisions prises autant qu'à préparer ceux sur lesquels l'action du pouvoir va s'appliquer. L'autorité des dirigeants n'étant jamais totalement indépendante de l'assentiment des dirigés, elle doit donc être entretenue, préservée ou renforcée par le discours. En étudiant les sociétés amérindiennes, Pierre Clastres montre ainsi que leur chef est nécessairement un bon orateur, car il doit prouver à tout instant l'innocence de sa fonction – il est en cela sous la dépendance du groupe (<u>Philosophie de la chefferie indienne</u>, dans <u>La Société contre l'État</u>). Il est plus précisément un « *faiseur de paix* », une instance modératrice du groupe, obligatoirement généreux de ses biens et ne pouvant repousser les demandes des « administrés ». En somme, le chef n'a pas de pouvoir de coercition ; il jouit seulement de l'autorité que donnent la sagesse reconnue, la générosité et l'habileté oratoire. Les règles derrière ce prestige sans pouvoir viseraient à empêcher la société égalitaire de dégénérer, par le développement des richesses et des pouvoirs, en un État inégalitaire. Elles confèrent au chef des sociétés amérindiennes un statut invalidant le préjugé des premiers Européens, qui les décrivaient comme « *sans foi, sans loi, sans roi* ». Elles jouissaient en réalité d'une organisation dans laquelle la parole dirigeante maintenait le pouvoir dans certaines limites tout en le légitimant.

40. <u>Propagandes</u>, Jacques Ellul

La parole apparaît comme un instrument clef du pouvoir. Dans les régimes politiques modernes, l'objectif de participation politique crée le besoin pour les gouvernants de s'adresser aux gouvernés, et pour ceux-ci d'être informés par les gouvernants. Or, l'opinion publique étant par nature versatile, l'idéal des dirigeants est d'influencer la masse pour qu'elle appuie leurs décisions a priori. Selon Jacques Ellul, c'est cette nécessité qui explique le développement de la propagande, définie comme « *l'ensemble des méthodes utilisées par un groupe organisé en vue de faire participer activement ou passivement à son action une masse d'individus psychologiquement unifiés par des manipulations psychologiques et encadrés dans une organisation* » (<u>Propagandes</u>). Ce travail de persuasion consiste en une unification psychologique : l'individu ne peut être atteint qu'au sein de la masse, car celle-ci l'intègre à une certaine vie collective et lui fait partager un langage commun. Le « propagandé » est toutefois complice du « propagandiste », affirme le sociologue. L'homme de la société technicienne veut en effet avoir une opinion sur tous les évènements, il demande un schéma explicatif simple pour comprendre et participer. Dès lors, la démocratie n'exclut pas la propagande : il n'existe pas de démocratie sans information, mais il n'existe pas d'information sans propagande ; c'est pourquoi la démocratie doit faire de la propagande pour survivre alors même que la propagande est, par essence, la négation de la démocratie. La parole de la propagande serait donc un outil incontournable du pouvoir.

41. <u>La fabrication du consentement</u>, Noam Chomsky

La parole médiatique peut être perçue comme un instrument du pouvoir. Non pas la source d'une information objective, elle serait implicitement le relais de l'idéologie des dominants. Dans cette optique, les événements historiques ou politiques sont traités par les médias de manière à faire adhérer les individus à la vision du monde et à l'action des dirigeants. Dans <u>La fabrication du consentement</u>, Noam Chomsky met en évidence l'existence d'un système médiatique servant à communiquer des messages et des symboles à la population. Les médias auraient en réalité vocation à distraire, amuser, informer, et à inculquer à leurs destinataires les croyances et codes comportementaux qui les intégreront aux structures sociales au sens large. Dans un monde où les richesses sont fortement concentrées et où les intérêts de classe entrent en conflit, accomplir cette intégration nécessite une propagande systématique. Plus précisément, le modèle de propagande proposé par Noam Chomsky et Edward Herman identifie cinq filtres principaux de l'information : la dimension économique du média, le poids de la publicité, le poids des sources gouvernementales ou économiques, les contre-feux qui peuvent être utilisés contre le média, et un filtre idéologique principal (comme l'anticommunisme, ou la guerre contre le terrorisme). Bien loin de constituer un « quatrième pouvoir » en démocratie, la parole médiatique ferait donc régner une forme particulière de désinformation qui servirait les intérêts des élites politiques et économiques.

42. <u>Ce que parler veut dire</u>, Pierre Bourdieu

La parole peut sembler servir le prestige des locuteurs dominants. Le discours aurait alors pour fonction de véhiculer l'importance symbolique du discoureur dans le cadre d'un système hiérarchique convenu et renforcé de la sorte. Cette perspective permet notamment d'expliquer les phénomènes de surenchère où le sens des mots se dissout dans un échange de signes plus ou moins valorisants. Pour Bourdieu, ainsi, l'hétérogénéité de la société est inhérente à la parole, car les locuteurs se caractérisent par des conditions sociales d'acquisition, de production et d'utilisation de la langue différentes (<u>Ce que parler veut dire</u>). Or, la linguistique classique fait fi de cette dimension sociale, lui reproche le sociologue, en concevant la langue comme le pur et simple support d'une activité mentale. Chez Saussure, par exemple, la communication s'effectue dans un univers égalitaire et transparent, où locuteur et auditeur, interchangeables dans leur soumission aux normes du système langue, n'échangent que des idées ou des concepts. Bourdieu ne conçoit pour sa part pas le langage comme intellection, mais comme action : il correspond à une pratique sociale traduisant des rapports de force. En clair, la domination d'une classe sur une autre est aussi celle de la domination de la langue de cette classe sur cette autre. On peut donc parler d'un « *marché linguistique* » sur lequel l'usage de la parole vise à obtenir des profits symboliques. Cette analogie montre que l'échange linguistique est également économique, puisqu'il sert à asseoir une domination.

43. <u>LTI La langue du IIIe Reich</u>, Victor Klemperer

La parole semble s'imprégner de l'état politique dans lequel elle évolue. La nature du pouvoir et le fonctionnement des institutions se refléteraient dans le vocabulaire, dans les références ainsi que dans les structures argumentatives du discours. Cela serait notamment le cas dans les régimes totalitaires, où la propagande tient une place toute particulière. Victor Klemperer montre ainsi dans <u>LTI La langue du IIIe Reich</u> à quel point le pouvoir nazi a travesti la parole : les altérations apportées à la langue allemande constituent même selon lui l'héritage le plus durable du régime national-socialiste. Parodiant les abréviations du Troisième Reich, la LTI (*Lingua Tertii*

Imperii : « langue du Troisième Empire ») est la langue d'un groupuscule qui, arrivé au le pouvoir, l'a imposée à la société tout entière. Éminemment déclamatoire, elle supprime les différences entre l'oral et l'écrit, le public et le privé, afin de dissoudre l'individu dans la masse et ne plus s'adresser qu'à celle-ci, la fanatiser et la mystifier. « *Le hurlement remplace la parole, écrit le linguiste, le cri se substitue au verbe. La langue n'est plus* ». C'est pourquoi, une fois la guerre terminée, la langue devait être un enjeu de la dénazification : il fallait débarrasser l'allemand des mots, des tournures de langage et des concepts qui faisaient perdurer le paradigme nazi. La parole est donc un enjeu politique parce qu'elle tend à prendre les caractéristiques de l'organisation sociale.

L'ACTION ET LA PAROLE

44. <u>Quand dire c'est faire</u>, John Austin

La parole peut elle-même équivaloir à un geste. Dans certaines situations particulières, en effet, parler transforme la réalité avec l'effectivité d'un acte. Telle est la propriété du discours performatif, constitué par un signe linguistique (énoncé, phrase, verbe, etc.) qui possède la faculté de réaliser lui-même ce qu'il énonce, c'est-à-dire que produire ce signe (prononcer, écrire) produit en même temps l'action qu'il décrit. La promesse est un bon exemple d'énoncé performatif : dire « je promets » suffit à donner naissance à une promesse. Le philosophe anglais John Langshaw Austin montre dans <u>Quand dire c'est faire</u> que certaines phrases ont cette capacité d'accomplir elles-mêmes l'acte qu'elles désignent. Les institutions ont notamment recours à ce genre de phrases pour produire du droit, en vertu de quoi un acte de langage peut donc équivaloir à un acte juridique. C'est par exemple le cas lorsque le maire scelle le mariage en prononçant la phrase « Je vous déclare mari et femme. » : ce faisant, le maire constitue les fiancés comme mari et femme, ceux-ci passent de l'état de fiancés à celui de mariés, c'est-à-dire que la réalité a été modifiée par la parole ; c'est aussi le cas lorsque le président de l'Assemblée nationale ouvre la séance en la déclarant ouverte.

45. <u>Le queuillisme</u>, du nom du ministre Henri Queuille

La parole peut être un facteur d'inaction. Facile et mielleuse, elle est susceptible de se laisser aller à n'avoir d'autre finalité que son propre épanouissement, et alors de se substituer à l'action. Ainsi dit-on avec agacement de certains orateurs qu'ils « s'écoutent parler », alors que l'on souhaiterait, comme le préconise un proverbe togolais, « *qu'ils aient pitié de ceux qui les écoutent* ». Tel est le sentiment que provoquent par exemple les interminables discours de Fidel Castro, ou encore, plus simplement, les plus longs débats parlementaires. Au spectateur, la profusion de la parole fait entrevoir la stérilité du geste. C'est dans une certaine mesure en réaction à ce risque qu'est née la Ve République française. L'objectif était alors de remédier au « Queuillisme », du nom d'Henri Queuille, le symbole de l'inefficacité et du discrédit de la IVe République, empêtrée dans les combinaisons (en partie oratoires) des partis. L'homme politique avait résumé la passivité de l'époque d'une formule lapidaire : « *Il n'est aucun problème assez urgent en politique qu'une absence de décision ne puisse résoudre.* ». Les partis et leurs joutes verbales étaient coupables, estimait le général de Gaulle, de l'apathie générale du système politique, d'où la nécessité de protéger le décideur suprême de la versatilité parlementaire, dans le but de rétablir l'équilibre entre la délibération et l'action. La parole risque donc, hors d'un certain contrôle, d'être un facteur d'inaction.

46. <u>Essais de linguistique générale</u>, Roman Jakobson

La parole peut être conçue comme une action de communication. Parler sert notamment à établir, maintenir ou interrompre le contact physique et psychologique avec l'interlocuteur. Rentrent par exemple dans ce cadre le « Allô » d'un échange téléphonique ou le « entendu » clôturant un échange. Roman Jakobson identifie là ce qu'il nomme la fonction « phatique » (du grec *phatikós* : « discursif ») de la parole, c'est-à-dire sa capacité à mobiliser l'attention de l'interlocuteur et à s'en assurer tout au long de la conversation pour confirmer la transmission physique du message (<u>Essais de linguistique générale</u>). Elle « *peut donner lieu à un échange profus de formules ritualisées, voire à des dialogues entiers dont l'unique objet est de prolonger la conversation* », écrit le linguiste. Dans ce type de situation, il n'est pas question de l'objet de la parole ; seule compte la relation entre deux individus, suscitée et entretenue par la parole elle-même. La fonction phatique n'existe toutefois qu'à côté des autres fonctions plus évidentes de la parole : la fonction expressive (l'émetteur exprime ses sentiments), la fonction conative (le message vise à influencer le récepteur), la fonction métalinguistique (le langage renvoie à lui-même), la fonction référentielle (le message renvoie au monde extérieur), et la fonction poétique (la forme du message prime le contenu). Ayant une diversité de fonctions, la parole peut donc constituer une action de communication à part entière.

47. <u>Le Serment du Jeu de paume</u>, Jacques-Louis David

La parole peut avoir valeur d'engagement. Certains énoncés possèdent en effet la faculté de faire naître une obligation morale, voire juridique, entre deux interlocuteurs. Une convention s'installe entre ceux-ci par le simple effet d'une parole, faisant alors de l'émetteur le débiteur du récepteur. Jacques-Louis David symbolise ainsi dans son tableau inachevé <u>Le Serment du Jeu de paume</u> la dimension sacrée que revêtaient les serments collectifs pendant la Révolution française. La peinture représente la réunion du tiers état en assemblée, le 20 juin 1789, dans la salle du Jeu de paume, pour contourner la fermeture par Louis XVI de la salle des députés. Ces derniers y prêtèrent serment de ne jamais se séparer avant d'avoir rédigé une Constitution, ce qui demeura un événement fondateur de la Révolution. Regroupées sur la composition au-delà d'une ligne fictive comme sur la scène d'un théâtre, leurs représentations donnent au public l'illusion d'appartenir à l'autre moitié (invisible) des spectateurs de la scène. Tous les regards convergent vers le personnage central, Bailly, maire de Paris. Monté sur une table, il lève la main droite en lisant le serment, une gestuelle visant à renforcer la portée exceptionnelle de sa parole. La théâtralité de la scène et la ferveur collective confèrent au serment du Jeu de paume la force symbolique de l'engagement de la nation dans son unité indestructible. Ainsi, les circonstances peuvent donner à la parole valeur d'engagement.

48. <u>La République</u>, Platon

La parole n'est pas systématiquement suivie de l'action à laquelle elle engage pourtant. Ayant la parole facile, l'homme évoque des actes, il étend dans l'esprit de son auditoire la sphère du possible ; il donne à voir, à rêver, il décrit les accomplissements futurs avec le plus grand réalisme, comme s'ils étaient déjà là ; mais il répugne aux actes, où résident le risque, la difficulté et l'effort. L'homme politique démocratique fait à cet égard figure de coupable idéal. Dépendant de l'assentiment du peuple, il s'efforce de le conquérir à grand renfort d'éloquence et de promesses. C'est ainsi que la démocratie étend le domaine de la démagogie, affirme Platon dans <u>La République</u>. Dans ce régime, la parole politique est incitée à flatter les plus bas instincts du peuple, soumis à l'apparence, au préjugé, et à la passion. Le démagogue est plus précisément pour le philosophe grec un sophiste, un servant dévoué et systématique du mode dégradé de connaissance que constitue l'opinion, c'est-à-dire la connaissance des apparences, qui est le mode de connaissance de la foule. Livré aux phénomènes de masse, le régime démocratique rend alors impossible la rationalité grâce à laquelle la parole se limite à évoquer les actes relevant du souhaitable et du possible. La concurrence entre les candidats alimente au contraire une surenchère de promesses qui rend d'autant plus difficile d'agir conformément à la parole.

49. <u>La Genèse, La Bible</u>

La parole est parfois dotée de la faculté de créer. Quand, dans les récits religieux ou mythologiques, elle peut modifier la réalité en dépassant la simple combinaison de l'existant, en donnant naissance à de nouveaux êtres, voire à de nouveaux mondes, elle est alors un acte créateur. <u>La Genèse</u> présente par exemple le monde des hommes comme une création verbale (<u>La Bible</u>). Dieu est directement assimilé au « Verbe » parce qu'il a créé le monde par la parole : « *Dieu dit : Que la lumière soit ! Et la lumière fut* ». La lumière, le firmament, les eaux, la végétation, les luminaires, les êtres vivants, etc. sont ainsi successivement créés par le même ordre divin ; puis ils sont nommés : « *Dieu appela la lumière jour, et les ténèbres nuit* ». Alors que l'homme, lui, crée forcément à partir de la matière préexistante, grâce à ses mains ou à des outils, le Dieu de l'Ancien Testament crée le monde *ex nihilo* ; il lui suffit de « dire » une chose pour la faire exister. Il s'agit néanmoins là d'un anthropomorphisme (le Dieu biblique n'a ni bouche, ni voix, ni ne parle une langue particulière) dont le sens est que la volonté divine est créatrice. Le monde n'existerait que par la simple volonté de Dieu. La parole est donc parfois conçue comme le canal symbolique de la création divine.

50. <u>Fragments d'un discours amoureux</u>, Roland Barthes

La parole semble particulièrement convenir à la concrétisation des sentiments. Elle aurait notamment une fonction primordiale en amour. Si la conversation est un aspect fondamental de la relation sentimentale elle-même, l'amour est aussi l'objet des paroles extérieures, celles qui ne servent pas à véhiculer le sentiment ; il est en effet probablement le thème le plus rebattu de la littérature, de la musique, voire de l'art en général. Ainsi, comme l'affirme Roland Barthes, l'amour paraît inséparable du discours sur l'amour (<u>Fragments d'un discours amoureux</u>). Il s'agit tout d'abord d'un discours intérieur : l'amoureux spécule sans fin, sans soumettre ses spéculations à la raison ni à la réalité. Il « *ne cesse en effet de courir dans sa tête, d'entreprendre de nouvelles démarches et d'intriguer contre lui-même. Son discours n'existe jamais que par bouffées de langage, qui lui viennent au gré de circonstances infimes, aléatoires* ». Alors qu'il croit éprouver un sentiment unique et inédit, il vit en réalité une expérience on ne peut plus universelle, qui passe par des figures imposées de la parole, où la passion se raconte, se déclame, se questionne. De fait, la folie de l'amour et la logique chaotique des sentiments se concrétisent toujours à travers le discours, montre le sémiologue. Dans cette optique, aimer demande donc de parler, sans quoi l'on n'aime pas vraiment, ou mal.

LA GUERRE ET LA PAROLE

51. <u>La guerre du Péloponnèse</u>, Thucydide

La parole permet d'honorer le sacrifice. Elle peut par exemple rendre les honneurs militaires en sensibilisant les « civils » et les survivants à l'étendue de leur dette à l'égard de ceux qui sont morts au combat. Ainsi, la guerre semble appeler une parole reconnaissante à même de graver dans la mémoire collective l'héroïsme d'une partie de la population au profit de l'ensemble. Telle est la perspective dans laquelle Périclès prononce une oraison funèbre en l'honneur des soldats athéniens morts durant la première année de la guerre du Péloponnèse (<u>La guerre du Péloponnèse</u>, Thucydide). L'orateur entame son discours en prévenant que la parole, combien nécessaire et habile, ne semble pas capable de témoigner un respect à la mesure des actes entrepris : « *l'auditeur informé et bienveillant est tenté de croire que l'éloge est insuffisant* ». Dépassant cependant cette crainte, il expose à son auditoire le lien existant entre l'esprit démocratique et la vertu guerrière. C'est l'excellence des institutions athéniennes, argumente le stratège, qui ferait sentir au citoyen tout l'enjeu de la défense de sa Cité. Dès lors, jouir de la démocratie a un prix, celui payé par les ancêtres et les soldats morts au combat. « *Faisant en commun le sacrifice de leur vie, ils ont acquis chacun pour sa part une gloire immortelle et obtenu la plus honorable sépulture. C'est moins celle où ils reposent maintenant que le souvenir immortel sans cesse renouvelé par les discours et les commémorations* ».

52. <u>Vie de Caton le Censeur</u>, Plutarque

La parole paraît déterminante dans le déclenchement des conflits. Les déclarations et les discours peuvent en effet avoir une grande part de responsabilité dans l'entrée en guerre des belligérants. Une menace ou un ultimatum préalables sont transmis par la voix des dirigeants, lesquels pèsent soigneusement leurs mots. Plutarque raconte comment, après les deux premières Guerres puniques, Caton l'Ancien plaidait systématiquement pour la destruction finale de Carthage (<u>Vie de Caton le Censeur</u>). Envoyé en 157 av. J.-C. dans la ville pour servir d'arbitre aux Carthaginois et à Massinissa, roi de Numidie, il en revient si impressionné par le retour à la prospérité de Carthage qu'il est persuadé qu'elle doit être annihilée pour la sécurité de Rome. Au Sénat, il donne l'alerte en joignant le geste à la parole lors du célèbre épisode des figues : ayant prévenu les sénateurs du danger, il referme son propos en laissant tomber de grosses et belles figues de Carthage, et devant les regards admiratifs de ses auditeurs, il ajoute : « *La terre qui les produit n'est qu'à trois journées de Rome* ». Cette scène jouée, il met alors toute son éloquence au service de l'enjeu qui l'obsède. Il termine ainsi chacun de ses discours, quel qu'en soit le sujet, par les mêmes mots : « *Carthago Delenda est* » (« *Il faut détruire Carthage !* ». Plutarque en conclut que c'est l'éloquence de Caton qui est à l'origine de la Troisième Guerre punique.

53. L'Appel du 18 juin, De Gaulle

La parole peut être vectrice d'espoir. Elle est effectivement capable, dans des circonstances marquées par la défaite et le désespoir, de ranimer les volontés en les retrempant dans l'élixir de l'éloquence. Un discours, une phrase, voire un mot, sont susceptibles de réorienter un destin collectif. Telle est la perspective dans laquelle le général de Gaulle a pris la parole le 18 juin à la BBC de Londres. Malgré son audience marginale, cet appel sera considéré comme la parole fondatrice de la Résistance française. De fait, De Gaulle y déploie un verbe mémorable pour inviter les Français à ne pas cesser le combat contre le Troisième Reich en dépit de la capitulation : « *Mais le dernier mot est-il dit ? L'espérance doit-elle disparaître ? La défaite est-elle définitive ? Non !* ». Sur le plan de la structure, la puissance du texte découle de l'alternance de rares paragraphes pédagogiques d'analyse de la situation, et de brefs et énergiques appels à l'espoir et à l'action. Sur le plan symbolique, le général instaure entre lui et ses auditeurs une proximité de conviction vouée à effacer la distance créée par l'exil. Au point de vue du style, enfin, il use de répétitions pour graver sa détermination dans l'esprit de ses destinataires : « *Car la France n'est pas seule ! Elle n'est pas seule ! Elle n'est pas seule !* ». La puissance de la parole peut donc faire naître l'espoir.

54. Discours du transfert des cendres de Jean Moulin au Panthéon, André Malraux

La parole possède une fonction mémorielle. En racontant la guerre, par exemple, elle en fait perdurer le souvenir dans les esprits, elle le fixe dans les mémoires et le transmet de génération en génération, jusqu'à peut-être le rendre immortel. Le discours a donc plus précisément la capacité de transmuter le fait matériel en fait historique, voire en mythe. C'est dans cette perspective qu'André Malraux a pris la parole lors du transfert des cendres de Jean Moulin au Panthéon. C'est pour frapper les consciences qu'il rend hommage au rassembleur de la Résistance à grand renfort d'images et de métaphores : « *Comme Leclerc entra aux Invalides, clama-t-il, avec son cortège d'exaltation dans le soleil d'Afrique et les combats d'Alsace, entre ici, Jean Moulin, avec ton terrible cortège. Avec ceux qui sont morts dans les caves sans avoir parlé, comme toi ; et même, ce qui est peut-être plus atroce, en ayant parlé (…)* ». L'unité nationale française consécutive à la Seconde Guerre mondiale devait alors être préservée et entretenue par le récit « mythique » des actions de la Résistance, dont Jean Moulin est la figure sacrificielle principale. La parole avait alors le devoir de graver dans

84

les esprits le souvenir de sacrifices dont la nation demeu-
rerait à jamais débitrice. Elle a ainsi, comme en témoigne
le fameux discours de Malraux, une fonction mémorielle
particulièrement importante après les drames collectifs
que sont les guerres.

DISSERTATION : LE GESTE ET LA PAROLE

« *Les belles paroles ne beurrent pas les épinards* » dit, empreint de l'humour national coutumier, un proverbe britannique. Celui-ci exprime bien le soupçon qui entoure communément la parole, à savoir qu'elle tend à ne pas être suivie d'effet, c'est-à-dire à rester à l'état de promesse. En effet, parler et beurrer des épinards constituent deux faits hermétiquement autonomes, comme en témoigne le plaisir pris par de nombreux solitaires à beurrer leurs tartines en silence le matin. Il est donc intéressant de se demander, plus généralement, dans quelle mesure le geste et la parole sont indépendants.

[NdA : l'accroche présente à la fois l'avantage d'être très pertinente par rapport à l'angle d'attaque choisie – le non-respect d'un engagement oral – et celui de pouvoir faire sourire le correcteur sans prendre aucun risque (c'est de l'humour anodin). Notez toutefois le soin pris, dans les phrases suivantes, à ne pas la faire dépasser du cadre du sujet.]

Par parole, on entend l'usage qui est fait du langage et de la langue dans un contexte particulier, et qui se distingue des communications orales diverses, comme les cris, les alertes ou les gémissements. Au sens précis, le geste désigne un mouvement du corps ou d'une partie du corps pour faire ou exprimer quelque chose. Il est utilisé pour appuyer la parole, et il peut même s'y substituer – il constitue alors un langage à part entière – comme dans le langage des signes. Au sens large, il s'agit d'une action généralement remarquable, ainsi que le suggèrent des expressions comme la « chanson de geste » (qui relate des exploits guerriers), « faire un geste », ou encore les « faits et gestes ». C'est cette dernière définition qui apparaît ici la plus fertile, car elle permet d'interroger le lien entre la parole et l'action.

[NdA : un premier carrefour se présentait ici à l'élève par rapport au sens, précis ou large, du mot « geste ». Nous recommandons par pragmatisme i) de choisir le sens le plus fertile (comment disserter quatre heures sur la manière dont les gestes affectent et sont affectés par la parole ?! c'est totalement inenvisageable, car beaucoup trop précis !) ; ii) de le préciser ; iii) de le justifier explicitement, dans le but de donner une preuve de maturité.]

Comme le montre le proverbe britannique, cette relation est assurément suspecte. Si la sagesse populaire demande de « joindre le geste à la parole », c'est bien qu'elle soupçonne qu'il existe entre les deux un gouffre, un abîme que l'individu rechigne trop souvent à franchir. Le mensonge, la tromperie, le manque de courage, ou plus simplement l'oubli sont malheureusement monnaie courante dans les relations humaines. Comment donc expliquer ce discrédit qui pèse sur la parole par rapport au geste ? Ne serait-il pas toutefois excessif ? À y regarder de plus près, en effet, il ne semble pas que la déloyauté soit systématique, que toute parole soit une « parole verbale » (c'est-à-dire une parole qui n'engage pas). Les exemples abondent même de situations dans lesquelles la parole engage le locuteur, jusque sur le plan juridique. Aux États-Unis, pays de *common law*, une simple parole de l'employeur tient par exemple lieu de contrat de travail, sans qu'aucune preuve écrite ne soit nécessaire. Quelle serait, dès lors, la nature de la dépendance qui peut lier la parole au geste ? La parole aurait-elle une fonction par rapport au geste ? Si tel est le cas, c'est alors le geste qui peut être dépendant de la parole. L'exploit du chevalier serait-il un « geste » sans la « chanson de geste » ? Qu'est le geste sans la parole ?

[NdA : sur le fond, nous avons bien insisté sur la nécessité de partir du point de départ de la réflexion (la suspicion qui entoure la parole) et de le développer (de « *Comme le montre…* » jusqu'à « *relations humaines.* », soit un tiers du paragraphe). Sur la forme, nous avons tâché d'alterner les phrases déclaratives et interrogatives dans le but de rendre la lecture plus digeste pour le correcteur (qui peut lire et comprendre cinq, six questions à la suite ?!).]

Dans quelle mesure la parole est-elle indépendante du geste ?

S'il est souvent reproché à la parole d'économiser le geste (I), elle permet toutefois, en amont, de le préparer, voire de le déclencher (II), mais également, en aval, de lui donner un sens et une portée, en l'interprétant (III).

[NdA : nous avons opté, par commodité et par habitude, pour une annonce de plan type Sciences-Po/Prep'ENA – probablement plus élégante – mais trois phrases successives (commençant généralement par les verbes « voir », « montrer », « évoquer », « analyser », « étudier », etc.) auraient tout aussi bien fait l'affaire.]

La parole tend à s'émanciper spontanément du geste qu'elle suggère pour plusieurs raisons.

En premier lieu, la parole n'est pas systématiquement suivie du geste auquel elle engage pourtant. Ayant la parole facile, l'homme évoque des actes, il étend dans l'esprit de son auditoire la sphère du possible ; il donne à voir, à rêver, il décrit les accomplissements futurs avec le plus grand réalisme, comme s'ils étaient déjà là ; mais il répugne aux actes, où résident le risque, la difficulté et l'effort. L'homme politique démocratique fait à cet égard figure de coupable idéal. Dépendant de l'assentiment du peuple, il s'efforce de le conquérir à grand renfort d'éloquence et de promesses. C'est ainsi que la démocratie étend le domaine de la démagogie, affirme Platon dans <u>La République</u> (livre VI) Dans ce régime, la parole politique est incitée à flatter les plus bas instincts du peuple, soumis à l'apparence, au préjugé, et à la passion. Le démagogue est plus précisément pour le philosophe grec un sophiste, un servant dévoué et systématique du mode dégradé de connaissance que constitue l'opinion, c'est-à-dire la connaissance des apparences, qui est le mode de connaissance de la foule. Livré aux phénomènes de masse, le régime démocratique rend alors impossible la rationalité grâce à laquelle la parole se limite à évoquer les actes relevant du souhaitable et du possible. La concurrence entre les candidats alimente au contraire une surenchère de promesses qui rend d'autant plus difficile de joindre le geste à la parole.

[NdA : nous soignons tout particulièrement les introductions et conclusions partielles (celles des parties comme celles des paragraphes), car elles permettent de tenir la main du correcteur le long de sa lecture – or, tout ce qui facilite sa tâche fait gagner des points. Nous faisons aussi attention à bien relier la référence (qui ne doit pas venir trop tôt) à l'argument, à l'égard duquel elle n'a en réalité qu'un rôle subalterne : l'étayer, lui donner plus de force.]

En deuxième lieu, le parleur tend à vouloir économiser le geste en réussissant à convaincre autrui d'agir à sa place (et peut-être même pour son compte). Bien maniée, la parole est effectivement un instrument, une arme ; elle confère un pouvoir sur celui qui écoute, qui est par exemple susceptible de « boire les paroles », et de « croire sur parole ». Le beau parleur est donc naturellement tenté de se délester de l'exécution du geste que brosse sa parole à l'auditeur sous l'emprise de son charisme oratoire – la parole est assurément un aspect de la domination charismatique au sens de Max Weber. La fable <u>Le Corbeau et le Renard</u> de La Fontaine illustre bien ce phénomène. Alléché par le fromage, Maître Renard adresse à Maître Corbeau une parole intéressée, caricaturalement louangeuse : « *Que vous êtes joli ! que vous me semblez beau !* », et l'efficacité de sa flatterie lui épargne de chercher lui-même sa nourriture, sa « *proie* » tombant à ses pieds. Ainsi, la parole a le pouvoir de satisfaire le besoin de reconnaissance de l'homme, permettant au sophiste d'en tirer profit. « *Apprenez que tout flatteur / Vit aux dépens de celui qui l'écoute.* », conclut Maître Renard. Le flatteur ne passe pas pour un homme d'action – c'est le moins qu'on puisse dire – ce qui témoigne de l'indépendance que la parole peut acquérir à l'égard du geste.

[NdA : notez comme l'argument est empreint de modération : le verbe « tendre » montre qu'il ne s'agit que d'une hypothèse et, ce faisant, le rédacteur exprime là sa maturité intellectuelle.]

Enfin, cette indépendance se manifeste également lorsque la parole se substitue au geste. Facile et mielleuse, la parole peut se laisser aller à n'avoir d'autre finalité que son propre épanouissement. Ainsi dit-on avec agacement de certains orateurs qu'ils « s'écoutent parler », alors que l'on souhaiterait, comme le préconise un proverbe togolais, « *qu'ils aient pitié de ceux qui les écoutent* ». Tel est le sentiment que provoquent par exemple les interminables discours de Fidel Castro, ou encore, plus simplement, les plus longs débats parlementaires. Au spectateur, la profusion de la parole fait entrevoir la stérilité du geste. C'est dans une certaine mesure en réaction à ce risque qu'est née la Ve République française. L'objectif était alors de remédier au « Queuillisme », du nom d'Henri Queuille, le symbole de l'inefficacité et du discrédit de la IVe République, empêtrée dans les combinaisons (en partie oratoires) des partis. L'homme politique avait résumé la passivité de l'époque d'une formule lapidaire : « *Il n'est aucun problème assez urgent en politique qu'une absence de décision ne puisse résoudre.* ». Les partis et leurs joutes verbales étaient coupables, estimait le Général de Gaulle, de l'apathie générale du système politique, d'où la nécessité de protéger le décideur suprême de la versatilité parlementaire, dans le but de rétablir l'équilibre entre la délibération et l'action.

[NdA : nous avons choisi de recourir dans ce paragraphe à des connaissances très diverses (adage africain, histoire récente, histoire politique française) parce que i) nous en avons le droit, la matière étant intitulée « culture générale » ; ii) c'est rafraîchissant pour le correcteur et différenciant par rapport aux autres candidats. Notez toutefois qu'il s'agit là d'une tactique qui vise surtout à bonifier une copie déjà bonne, et qui ne doit donc en cela pas être prioritaire par rapport aux fondations d'une bonne dissertation.]

La parole tend ainsi à économiser le geste parce qu'elle n'est pas forcément suivie d'effet, ou parce qu'elle a la faculté de déléguer l'exécution du geste, voire de l'évacuer purement et simplement. À y regarder de plus près, ce réquisitoire semble toutefois excessif. Le discrédit jeté sur la parole ne doit en effet pas conduire à négliger la possibilité qu'elle tienne un rôle positif à l'égard du geste.

Il semble en effet que la parole permette, en amont, de préparer, voire de déclencher le geste.

Elle peut tout d'abord servir à accroître, ou même à créer de toute pièce sa légitimité. Elle aurait dans cette perspective une vertu pédagogique : elle aurait pour fonction de préparer les esprits à accepter le geste en en expliquant les causes, les finalités et les moyens. Plus la gravité de l'acte est importante, plus le rôle de la parole apparaît crucial. Les discours de guerre sont par exemple déterminants pour susciter l'adhésion populaire en faveur d'un acte qui engage la sécurité et le destin de toute une nation, et rassembler celle-ci autour d'un enjeu commun. Quand Winston Churchill tient son premier discours le 13 mai 1940 devant la Chambre des communes, après sa nomination au poste de Premier ministre du Royaume-Uni, il adopte un langage de vérité et un ton tragique afin de faire prendre conscience à ses concitoyens des terribles épreuves qui les attendent sur le chemin de la guerre : « *À la Chambre des communes, je dirai comme je l'ai dit à ceux qui ont rejoint le gouvernement : Je n'ai rien d'autre à offrir que du sang, de la peine, des larmes et de la sueur.* » Par cette formule, il présente la guerre comme une étape incontournable, avec son lot d'efforts, de sacrifices et de drames, pour permettre à la collectivité de survivre et de se diriger vers un avenir meilleur. Sa parole a donc préparé la nation à un « geste » tragique, mais nécessaire.

[NdA : les discours apparaissent comme des références privilégiées du thème « la parole » (*cf.* la liste de discours sur la page « La parole – Prépa HEC » du blog) et constituent un moyen supplémentaire de donner à la matière « culture générale » toute la diversité et l'ampleur de connaissances qu'elle mérite. D'un point de vue pratique, ils permettent aussi de frapper l'esprit du correcteur avec des formules célèbres et mémorisables à peu de frais.]

La parole peut ensuite encourager et stimuler le geste. Il ne s'agit pas ici, contrairement à ce qui a été évoqué précédemment, de déléguer l'exécution d'un acte, mais de transmettre à l'exécutant le soutien et l'espoir qui pourront renforcer sa motivation. La parole a en effet le pouvoir de galvaniser l'auditoire, petit groupe ou foule, et de le conduire au geste avec un enthousiasme et une foi sans lesquels les chances de succès ne seraient pas les mêmes. C'est de cette manière que Danton, ministre de la Justice au sein du Conseil exécutif en 1792, donna une impulsion décisive à la défense nationale contre l'Autriche pendant la Révolution française. Le 2 septembre, Paris est pris de panique en apprenant que l'armée ennemie se rapproche. Danton se précipite alors à l'Assemblée pour prononcer une harangue aussi brève qu'énergique : « *Le tocsin qu'on va sonner n'est point un signal d'alarme, c'est la charge sur les ennemis de la patrie. Pour les vaincre, messieurs, il nous faut de l'audace, encore de l'audace, toujours de l'audace, et la France est sauvée.* ». Sous l'effet de cette parole, la Commune appellera les citoyens aux armes, convoquera les volontaires au Champ-de-Mars, fera sonner le tocsin, et le 20 septembre, la victoire de Valmy mettra fin à l'invasion du territoire par les coalisés. C'est bien la parole, ici, qui a rendu le geste audacieux.

[NdA : nous prenons soin, après avoir présenté cet argument, de préciser en quoi il se distingue de l'argument I. B. avec lequel il pourrait être confondu : il s'agissait plus haut de s'économiser un acte, tandis qu'il s'agit ici de soutenir et d'encourager autrui (qui peut être un collectif) dans l'exécution d'un acte qui lui incombe. Par ailleurs, nous avons de nouveau recours à un discours, et celui-là présente de surcroît l'avantage de renvoyer à un épisode précis de l'histoire de France – nous continuons donc de diversifier les niveaux de références.]

En dernier lieu, la parole peut elle-même équivaloir à un geste. Dans certaines situations particulières, en effet, parler transforme la réalité avec l'effectivité d'un acte. Telle est la propriété du discours performatif, constitué par un signe linguistique (énoncé, phrase, verbe, etc.) qui possède la faculté de réaliser lui-même ce qu'il énonce, c'est-à-dire que produire ce signe (prononcer, écrire) produit en même temps l'action qu'il décrit. La promesse est un bon exemple d'énoncé performatif : dire « je promets » suffit à donner naissance à une promesse. Le philosophe anglais John Langshaw Austin montre dans <u>Quand dire c'est faire</u> (1962) que certaines phrases ont cette capacité d'accomplir elles-mêmes l'acte qu'elles désignent. Les institutions ont notamment recours à ce genre de phrases pour produire du droit, en vertu de quoi un acte de langage peut donc équivaloir à un acte juridique. C'est par exemple le cas lorsque le maire scelle le mariage en prononçant la phrase « *Je vous déclare mari et femme.* » : ce faisant, le maire constitue les fiancés comme mari et femme, ils passent de l'état de fiancés à celui de mariés, c'est-à-dire que la réalité a été modifiée par la parole ; ou encore lorsque le président de l'Assemblée nationale ouvre la séance en la déclarant ouverte.

[NdA : l'analyse du discours performatif par John Austin est une référence classique du thème de cette année. N'hésitez donc pas à y recourir dans plusieurs dissertations, à la condition que vous en ayez une connaissance précise et détaillée, ce qui est attendu de toute référence susceptible d'être utilisée par un grand nombre de candidats.]

La parole a ainsi une fonction à l'égard du geste en amont, quand elle prépare, le déclenche, ou même le remplace. Elle peut toutefois également intervenir en aval, révélant une autre forme de dépendance du geste à la parole. Serait-ce alors la parole qui ferait le geste ?

☆ ☆ ☆

Succédant au geste, la parole semble servir à l'interpréter pour lui conférer un sens et une portée qui en font un « geste » au sens d'acte remarquable.

[NdA : nous annonçons dans cette introduction partielle de manière transparente que la dernière grande partie s'appuie sur la distinction entre les sens précis et général du mot « geste ».]

Elle a déjà, de manière évidente, une fonction prosaïquement narrative. En racontant le geste, elle le fait exister dans les esprits, elle le fixe dans les mémoires et le transmet de génération en génération, jusqu'à peut-être le rendre immortel. Le discours a donc plus précisément la capacité de transmuter l'acte en geste, le fait matériel en fait historique, voire en mythe. C'est dans cette perspective qu'André Malraux a pris la parole lors du transfert des cendres de Jean Moulin au Panthéon. « *Comme Leclerc entra aux Invalides, clama-t-il, avec son cortège d'exaltation dans le soleil d'Afrique et les combats d'Alsace, entre ici, Jean Moulin, avec ton terrible cortège. Avec ceux qui sont morts dans les caves sans avoir parlé, comme toi ; et même, ce qui est peut-être plus atroce, en ayant parlé ; avec tous les rayés et tous les tondus des camps de concentration, avec le dernier corps trébuchant des affreuses files de Nuit et Brouillard, enfin tombé sous les crosses ; avec les huit mille Françaises qui ne sont pas revenues des bagnes, avec la dernière femme morte à Ravensbrück pour avoir donné asile à l'un des nôtres.* » L'unité nationale française consécutive à la Seconde Guerre mondiale devait alors être préservée et entretenue par le récit « mythique » des actions de la Résistance, dont Jean Moulin est la figure sacrificielle principale. Le discours avait alors le devoir de porter à la connaissance et à la conscience de tous des actes remarquables.

[NdA : notez la simplicité de la présentation de l'argument : il s'agit d'une phrase dite « simple » du point de vue de la syntaxe, c'est-à-dire avec un seul verbe conjugué. Il peut s'agir là d'une bonne règle de rédaction, car tout doit être fait pour simplifier la tâche du correcteur. Quant au choix de la référence, nous devons avouer que nous flirtons avec la frontière du raisonnable. En effet, c'est là le troisième discours que nous mentionnons (soit un tiers des références de la copie, ou 30 % en comptant l'accroche), ce qui peut faire beaucoup. Nous le justifions toutefois par i) la pertinence par rapport au thème ; ii) la pertinence par rapport à l'argument ; iii) l'éloquence du discours ; iv) sa célébrité (taper « Malraux Jean Moulin » sur Youtube). En revanche, il est évident que ce type de références est désormais prohibé pour les prochains paragraphes.]

La parole permet ensuite de proposer une interprétation du geste. Avec le recul, elle peut en dévoiler les causes, les motivations des acteurs, les circonstances et les facteurs cruciaux, et révéler alors en quoi l'acte est digne d'être l'objet du discours. Tel peut être notamment le rôle de la parole écrite, quand elle porte son attention sur un acte passé, qu'elle le décortique et l'analyse dans le but d'en éclairer le présent et l'avenir : c'est là la raison d'être de l'Histoire. Pour Hérodote, considéré comme le « père de l'Histoire », elle vise à graver les principaux faits et gestes des hommes, quels qu'ils soient, dans la mémoire collective, par la description (des institutions, des mœurs, etc.) et par l'analyse des causes des événements (Enquête). L'historien a plus précisément pour mission de se placer dans une neutralité culturelle, en évoquant « *tant les Grecs que les Barbares* », et de faire œuvre de mémorialiste, « *afin que le temps n'abolisse pas les travaux des hommes* ». Si Thucydide est le deuxième historien grec après Hérodote, il est lui véritablement le premier historien rationnel sérieux, dont la parole sépare au sein du geste le fait de la légende. Analysant les causes de la Guerre du Péloponnèse, il distingue par exemple ce qui est dit (*logo*) de la motivation réelle (*ergon*), ce qui l'amène à réduire la dimension religieuse de l'événement (sauf en cas de sacrilège) pour en donner une interprétation dépassionnée.

[NdA : notez à nouveau la simplicité de la formulation de l'argument, de même que le soin pris à l'expliciter. Les références sont on ne peut plus classiques, car elles appartiennent au programme de première année. Le léger écart toutefois commis ici consiste dans leur juxtaposition. Il est certes plus simple — et en cela recommandé — de se limiter à une seule œuvre et à un seul auteur, mais la proximité et la cohérence de sens de l'Enquête et de la Guerre du Péloponnèse — elles

Enfin, la parole peut servir à commémorer le geste. Elle s'insère alors dans un rituel ayant pour fonction de ressusciter l'acte pour en raviver la vertu cohésive. Par son pouvoir évocateur, elle permet plus précisément à la société de revivre un épisode fondateur et d'y retremper ses valeurs et sa raison d'être. René Girard décèle derrière la parole du rituel la nécessité pour la communauté de légitimer la persécution originelle dont elle est issue (<u>Le Bouc émissaire</u>). Sa théorie postule que la cohésion sociale s'est cimentée sur le lynchage, et bien souvent la mise à mort, d'un bouc émissaire, c'est-à-dire un individu sur lequel se sont injustement polarisées les passions violentes individuelles qui menaçaient la société de dissolution. Réponse collective inconsciente, ce phénomène vise à exclure la violence interne à la société vers l'extérieur de celle-ci. Les dieux, les personnages des légendes et des mythes seraient ainsi tous des boucs émissaires, dont la persécution aurait paradoxalement donné naissance à une culture qui les vénère. Or, avance le philosophe, la communauté ne doit pas prendre conscience de l'injustice qui la fonde, sous peine de disparaître dans la violence. La version des persécuteurs doit donc toujours prévaloir grâce à la parole du rituel : la véritable teneur de l'événement doit rester cachée et les individus doivent demeurer persuadés de la culpabilité du bouc émissaire.

La parole et le geste entretiennent ainsi un rapport particulier, fait tantôt d'infidélité, tantôt de dépendance réciproque. La parole souffre tout d'abord d'un discrédit par rapport au geste parce qu'elle a tendance à s'en émanciper alors même qu'elle l'évoque ou s'engage à sa réalisation. Elle est susceptible de ne pas être suivie d'effet, mais elle a aussi la faculté de déléguer l'exécution du geste, voire de s'y substituer. Pour autant, le geste est dans une certaine dépendance par rapport à la parole. Celle-ci peut en effet le préparer et la déclencher, jusqu'à constituer elle-même un acte, dans le cas du discours performatif. Elle joue également un rôle crucial en aval, quand elle le raconte, le décrypte ou en ravive la mémoire, si bien que c'est elle qui, dans une certaine mesure, fait le geste.

qu'elle soit lue par le correcteur est élevée – celui-ci donne généralement la priorité au couple introduction/conclusion et parcourt le reste de la copie en diagonale].